绿色隧道

蒋振雄 ● 著

人民交通出版社股份有限公司

北 京

内 容 提 要

本书依托江苏省宜兴至长兴高速公路隧道群、苏锡常南部高速公路常州至无锡段太湖隧道和江阴靖江长江隧道等建设工程在品质、生态、空间和人文等方面的建设实践，重点梳理了隧道建设的历程，绿色隧道的内涵，绿色隧道技术体系、管理体系和评价体系，以及绿色隧道的具体实践。

本书可供国内外隧道设计人员、施工人员等参考。

图书在版编目（CIP）数据

绿色隧道 / 蒋振雄著 . — 北京：人民交通出版社股份有限公司 ,2023.6
 ISBN 978-7-114-18787-2

Ⅰ.①绿… Ⅱ.①蒋… Ⅲ.①隧道工程—环境工程—工程技术 Ⅳ.① U45

中国国家版本馆 CIP 数据核字（2023）第 083977 号

Lüse Suidao
书　名：	绿色隧道
著 作 者：	蒋振雄
责任编辑：	崔　建
责任校对：	赵媛媛
责任印制：	张　凯
出版发行：	人民交通出版社股份有限公司
地　　址：	（100011）北京市朝阳区安定门外外馆斜街3号
网　　址：	http：//www.ccpcl.com.cn
销售电话：	（010）59757973
总 经 销：	人民交通出版社股份有限公司发行部
经　　销：	各地新华书店
印　　刷：	北京印匠彩色印刷有限公司
开　　本：	787×1092　1/16
印　　张：	14.25
字　　数：	260千
版　　次：	2023年6月　第1版
印　　次：	2023年6月　第1次印刷
书　　号：	ISBN 978-7-114-18787-2
定　　价：	68.00元

（有印刷、装订质量问题的图书，由本公司负责调换）

序 FOREWORD

隧道是人类社会发展中利用地下空间的一种形态，用途多样，既包括地铁轻轨穿行，也包括水资源调配等，而穿越大江大河与高山峻岭的高等级公路隧道，已经成为我国新时代交通大动脉的重要组成部分。

绿色隧道缘起于绿色发展新时期人们对公路交通隧道这种"流动空间环境"的健康需求和节能低碳型社会发展的需要。公路交通隧道的通风换气、智能化照明、噪声控制、光污染控制等技术措施的合理运用，直接影响驾驶与乘坐者的身心健康与生命安全。

随着新技术与新认知双向发展，我国公路工程建设管理水平不断跃迁，社会经济发展及新时代国家战略对绿色交通提出了更高要求。行业内近年先后开展了绿色公路、品质工程等主题性项目探索，绿色发展理念逐渐深入到公路建设与运营之中。

江苏省将在21世纪20年代相继建成太湖隧道、江阴靖江长江隧道、海太长江隧道等一批世界级隧道工程。建设数量与规模不断攀升，里程越来越长，打造"江浙隧之首，人在画中游"的高品质隧道，摆脱一般意义上的感官"绿"，做到真正的品质"绿"，并逐步深入到服务"绿"是交通人的本分。

本书在汲取国内外隧道工程发展精粹的基础上，立足新发展阶段，贯彻"以人为本"理念，围绕"绿色隧道"目标，系统研讨了绿色隧道发展内涵、建设路径、管理方法、技术措施、评价体系，介绍了江苏绿色隧道实践成果，对推动隧道工程绿色高质量发展、满足人民日益增长的优美生态环境与品质通行服务需要具有重要意义。

本书著作者蒋振雄先生是我的好友。数年前我们在畅想交流我国隧道未来的发展时，共同提出"绿色隧道"概念。难能可贵的是蒋先生把理念深化，付诸实践，形成成套理论和方法，今著成此大作，实属必然。我衷心希望该书能够引导行业践行绿色隧道理念，引领未来隧道发展方向，提升隧道建设行业水平，为中国老百姓交通出行及交通健康作出更大的实质性贡献。

专著《绿色隧道》凝结了作者蒋振雄先生及建设团队多年以来的研究成果。值此书出版之际，谨表祝贺，以为序。

中国工程院　院士

2022年夏末于古城西安

前言
PREFACE

  本书在回顾总结国内外隧道发展的基础上，立足于交通运输行业发展现状与基础，结合国家和交通行业政策战略分析以及公路隧道未来发展重点与方向，首创"流动环境友好空间"理念，聚焦结构安全、行车舒适、通行便捷、资源节约、环境保护的核心需求，打造以人为本的流动空间、最大程度地实现人与自然和谐共生的"绿色隧道"，重点分析在当前社会经济发展基础和国家战略引导下绿色隧道的定位、目标及路径。

  本书以服务需求、解决问题为导向，围绕绿色隧道建设目标，分别从管理体系、技术体系、评价体系三个方面构建绿色隧道标准体系，引导全寿命周期绿色隧道建设管理；围绕品质、生态、空间三大元素全面总结交通行业绿色隧道设计、施工、运营的先进理念、技术、工艺、装备、材料等。

  本书依托江苏省宜兴至长兴高速公路隧道群、苏锡常南部高速公路常州至无锡段太湖隧道和江阴靖江长江隧道等建设工程在品质、生态、空间和人文等方面的建设实践，全面阐述江苏省绿色隧道建设创新与实践。

  浪滚滚其不绝兮，望未来却已来，立足当下社会经济发展、国家战略政策，结合国内隧道发展实践基础，思考隧道建设重点技术突破和实践探索方向，畅想展望未来隧道的发展。

  本书在撰写过程中得到了西安建筑科技大学、北京工业大学、西南交通大学、中南大学、中铁第四勘察设计院集团有限公司、江苏中路工程技术研究院有限公司、江苏省建筑科学研究院有限公司、中铁十四局集团有限公司、中交隧道工程局有限公司、上海市隧道工程轨道交通设计研究院等单位的大力支持与帮助，在此一并表示由衷的感谢！

著　者
2020年8月

目录 CONTENTS

01 第一章
积淀：九层之台，起于累土 1

第一节　他山之石，可以攻玉 2
第二节　以一持万，提要钩玄 6
第三节　唯进取也，故日新 8

02 第二章
呼唤：驭文首术，谋篇大端 12

第一节　因势而谋——"绿色隧道"与"流动环境
　　　　友好空间" 12
第二节　应势而动——绿色隧道建设路径 19

03 第三章
标准：统驭百策，御率千军 ············ 24

第一节　绿色隧道管理体系 ············ 24
第二节　绿色隧道技术体系 ············ 29
第三节　绿色隧道评价体系 ············ 50

04 第四章
品质：结构耐久，平安百年 ············ 56

第一节　创新设计 ············ 56
第二节　精细建造 ············ 76

05 第五章
生态：绿色建造，节能降碳 ············ 98

第一节　资源利用 ············ 99
第二节　生态保护 ············ 117
第三节　节能降碳 ············ 133

06 第六章
空间：以人为本，低碳运营 ············ 138

第一节　体验赋能 ············ 138
第二节　智慧服务 ············ 147
第三节　低碳运营 ············ 157

07 第七章
实践：跬步千里，小流江海 ······ 161

第一节 "江浙隧之首，人在画中游"——宜长
高速公路隧道群（山岭隧道）······ 161

第二节 "筑梦太湖，面向未来"——太湖隧道
（湖底堰筑隧道）······ 170

第三节 "国际首创流动环境友好空间的绿色隧道
示范工程"——江阴靖江长江隧道
（过江盾构隧道）······ 194

08 第八章
未来：奋斗当下，希冀未来 ······ 208

第一节 绿色隧道定量化、标准化发展 ······ 208

第二节 绿色隧道系统化、规模化推广 ······ 209

第三节 绿色隧道产业化、多元化融合 ······ 210

参考文献 ······ 212

第一章

积淀：九层之台，起于累土

党的十八届五中全会提出了"创新、协调、绿色、开放、共享"的发展理念，绿色发展是推进美丽中国建设的重要保障。交通运输部提出了加快推进"综合交通、智慧交通、绿色交通、平安交通"发展的战略决策，绿色交通是现代生态文明发展的重要组成部分和必经之路。

党的十八大以来，在以习近平同志为核心的党中央坚强领导下，我国交通运输事业取得了历史性成就、发生了历史性变革，部分领域交通运输现代化水平已跻身世界先进行列，我国正阔步迈向交通强国。

党的十九大作出了建设交通强国的战略部署，国务院已印发《交通强国建设纲要》，指出"以习近平新时代中国特色社会主义思想为指导，深入贯彻党的十九大精神，紧紧围绕统筹推进'五位一体'总体布局和协调推进'四个全面'战略布局，坚持稳中求进工作总基调，坚持新发展理念，坚持推动高质量发展，坚持以供给侧结构性改革为主线，坚持以人民为中心的发展思想，牢牢把握交通'先行官'定位，适度超前，进一步解放思想、开拓进取，推动交通发展由追求速度规模向更加注重质量效益转变，由各种交通方式相对独立发展向更加注重一体化融合发展转变，由依靠传统要素驱动向更加注重创新驱动转变，构建安全、便捷、高效、绿色、经济的现代化综合交通体系，打造一流设施、一流技术、一流管理、一流服务，建成人民满意、保障有力、世界前列的交通强国，为全面建成社会主义现代化强国、实现中华民族伟大复兴中国梦提供坚强支撑。"

2020年9月22日，国家主席习近平在第七十五届联合国大会一般性辩论上提出："中

绿色隧道

国将提高国家自主贡献力度，采取更加有力的政策和措施，二氧化碳排放力争于2030年前达到峰值，努力争取2060年前实现碳中和。"[1] 2021年3月5日，国务院总理李克强在2021年国务院政府工作报告中指出，扎实做好碳达峰、碳中和各项工作，制定2030年前碳排放达峰行动方案，优化产业结构和能源结构，完善碳中和为导向建设绿色低碳技术的技术设施。

交通基础设施建设历来都是交通运输体系发展的基础条件和基本保障，隧道是交通基础设施重要的组成部分。综合考虑山体自然环境、水体岸线资源保护、沿江港口影响、用地规划、环境等方面的因素，尤其是生态保护相关要求，采用隧道方式快速跨越重要山体、水体的工程越来越多，对于此类工程来说，其面临的生态环境、质量、安全等方面的要求越来越高，作为交通基础设施面向双碳目标的重要举措，"绿色隧道"理念应运而生。

第一节 他山之石，可以攻玉

由于西方国家工业化的进程较早，因此西方国家大规模地进行隧道工程建设的历史早于中国，相应的设计理念和施工技术也成熟得更早，隧道修建主要的方法包含钻爆法、盾构法、沉管法和明挖法等。

一、钻爆法

钻爆法是一项非常成熟的施工方法。它是以钻孔、装药、爆破为开挖手段，以围岩-结构共同作用为支护设计理论，采用复合式衬砌结构，以钻爆开挖作业线、装渣运输作业线、初期支护与防排水作业线、二次模筑衬砌作业线、辅助施工作业线为特点的隧道施工方法。其被广泛应用于山岭隧道的修建。

在钻爆法施工中，针对不同的围岩级别，采用相应的支护形式，由初期支护与二次衬砌组合成的复合式衬砌最为常用，是隧道结构的主要承载单元。其中初期支护通常采用由喷射混凝土、钢筋网、钢架及锚杆组成的组合结构，而二次衬砌常常采用模筑混凝土作为安全储备来进行设置。传统坑道开挖后的支护方法，大致可以分为钢木构件支撑（传统矿山法）和锚杆喷射混凝土支护（新奥法）2类。

在开挖方法的选择上，钻爆法中常用的有全断面法、台阶法、环形开挖留核心土

---

[1] 摘自《习近平在第七十五届联合国大会一般性辩论上的讲话（全文）》《人民日报》，2020年09月23日03版。

法、双（单）侧壁导坑法、中隔壁法（CD法）、交叉中隔壁法（CRD法）等方法。这些技术均已日渐成熟。考虑到每种工法具有不同的特点，对于不同的地质条件很难做到完全兼顾。因此，当隧道通过浅埋、偏压、软弱围岩、断层破碎带、岩溶以及大面积淋水或涌水地段时，应考虑采用适当的超前支护等辅助施工措施，以保证施工过程中的安全。目前在钻爆法施工的隧道中，通常采用的超前支护方法有超前锚杆、超前小导管、超前管棚等。在某些特殊地质情况下，也可考虑水平高压旋喷桩、冻结等方法控制隧道围岩变形和开挖面的稳定，提高施工安全性及高效性。

20世纪50年代提出的新奥法使得钻爆法隧道的设计和施工技术得到了快速的发展，几乎成为在软弱地层或不良地质条件下修建隧道的一种基本方法。新奥法是以喷射混凝土、锚杆作为主要支护手段的一种施工方法，强调充分发挥围岩自身的承载力。其特点是采用光面爆破，应用岩体力学理论，以维护和利用围岩的自承能力为基点，采用锚杆和喷射混凝土为主要支护手段，及时地进行支护，控制围岩的变形和松弛，使围岩成为支护体系的组成部分，并通过对围岩和支护的量测、监控来指导隧道施工和地下工程设计施工的方法和原则。

目前世界上采用钻爆法已建成的水下隧道有数百公里，挪威是采用钻爆法修建海底隧道较多的国家。自1974年以后，挪威已建成各种用途的海底隧道20多座，长度达100多公里，其中于2000年建成通车的拉达尔（Lardal）隧道长度达24.5km。这些隧道位于各种地质条件中，从典型的硬岩（如前寒武纪的片麻岩）到不坚实的千枚岩和质量不良的片岩及页岩等均有涉及。

钻爆法用于水下隧道修建时，由于水压力的危害是钻爆法修建水下隧道的主要控制因素，需特别注意强大的水压力会增加坍方的可能性以及可能发生涌水，因而一般需要超前探明地质情况并准备充分的围岩加固和止水措施，其余与普通山岭隧道无太大差异。

二、盾构法

现代隧道的施工方法和施工技术，由于大量使用了施工机械，减轻了人的体力劳动，提高了安全性，使工程质量得到保证。在松软地层中广泛使用了盾构法修建隧道，尤其是水下隧道。盾构法也称为全断面掘进机法，是一种全机械化的暗挖施工方法。它是依靠盾构机（或掘进机）在地层中推进和用切削装置进行地层开挖，通过出土机械或泥水循环系统将渣土运至洞外，并逐环拼装预制管片来支撑四周围岩防止其坍塌，进而形成隧道衬砌结构的一种机械化施工方法。

盾构法修建隧道的关键技术之一在于盾构机的研发与制造。盾构机集切削土体、输送渣土、维持开挖面稳定、隔绝外部水土环境、拼装管片等多项功能于一身，保障盾构安全施工。随着机械制造技术的发展，盾构法隧道也从小直径隧道朝着大直径隧道逐步发展。

早期的盾构法主要适用于单一的软弱地层，且断面较小。19世纪40年代，英国首次采用盾构法修建了穿越伦敦泰晤士河的水下人行隧道，标志着水下盾构法隧道的诞生。自20世纪60年代开始，英国首创泥水加压盾构，至20世纪70年代日本在泥水加压盾构方面取得很大进展，而且出现了一种更新颖的土压平衡式盾构。盾构法在深堆积中等软弱地层中最为适用，因而在港湾下的浅水区和沿海地带经常采用。世界上已修建了大直径盾构隧道（直径大于10m）数百座，盾构法水下隧道最为集中的地点在纽约，其在赫德森河、东河、哈莱姆河下采用盾构法施工了39座隧道。

盾构法的关键技术主要为盾构始发、盾构接收、端头加固以及盾构掘进、拼装、壁后注浆、带压进仓、地中对接以及特殊地层条件施工技术等。其中盾构始发与到达技术是盾构施工的关键环节和风险点，也是施工的重点和难点。

盾构法的主要优点是机械化和自动化程度高、掘进速度快、施工安全、有利于环境保护和劳动保护，且盾构法对水深、隧道埋深、地层条件的适应性很大，可以适应松软土层和岩层。其主要缺点是结构整体性相对较差，接缝多。

三、沉管法

沉管法就是在水底预先挖好沟槽，将在陆地或其他地点预制的适当长度的管段，浮运至沉放现场，依次沉放在沟槽中并连接起来，然后回填覆盖而成为隧道的方法。沉管施工主要工序包括：干坞开挖、管节制作及临时封闭结构、基槽浚挖、地基处理、管节拖运沉放、管节连接止水及回填覆盖等。

沉管法修建水下隧道的主要优点是：①隧道埋置深度浅，长度短；②沉管管段采用工厂化方法预制，质量好，并具有良好的水密性；③对地基承载能力要求低，基本不受地质条件的限制；④隧道断面形状无特殊限制，可根据需要自由选择，断面利用率高，特别适用于较宽的断面；⑤随着施工技术与装备水平的进步，在相对较大的水深条件下也能安全施工；⑥因采用预制方式施工，可多工区平行作业，效率高，工期短。

沉管法修建水下隧道的主要缺点有：①基槽开挖和浮运沉放需短期占用一定水域，可能会影响通航；②基槽开挖量大，隧道弃渣量大；③水流流速大于3.0m/s，或水流方向不稳定，或河床有深沟、地形陡峭、或回淤量大时，会造成管节浮运、沉放、对接困难。

随着我国港珠澳大桥的建成通车，港珠澳大桥主体工程中6.7km的海底沉管隧道成为沉管隧道的代表性工程。这是国内首条外海沉管隧道，也是当今世界上最长、埋深最大（最深处近50m）、单个沉管体量最大、隧道车道最多、综合技术难度最高的沉管隧道。

沉管隧道施工技术的发展具有以下特点：①管节制造材料的变化，由钢筋混凝土取代钢材；②管节截面形式的变化，高空间利用率的方形取代圆形；③管节在横断面尺寸和纵向总长度2个维度上不断增大；④适用范围扩大，由传统内河向复杂海洋环境扩展；⑤施工过程持续时间更长，工序更为精细且工法日趋复杂；⑥结构对环境因素和施工误差（如超大管节预制精度、高水压条件下管节的浮运对接、隧道基底软土地基不均匀沉降控制等）更为敏感，力学行为特性更为复杂，施工误差控制难度显著增加，施工误差不良效应问题更为突出。

四、明挖法

明挖法具有施工方法简单、施工技术成熟、施工作业面大、施工进度快、基坑支护结构受力明确和造价低等优点，是地下空间开发初期广泛采用的施工技术。明挖法施工主要工序包括：基坑（边坡）支护、土方开挖、防水工程及主体结构施工等。其中，与其他地下工程施工方法相区别的关键和特色施工技术是围护结构施工技术和支撑体系施工技术。

围堰明挖法可用于修建浅层水下隧道，是修建水下隧道最古老的施工方法。围堰明挖法是首先在水域修筑围堰进行隔水，然后在围堰保护下采用传统的明挖法（基坑法或放坡开挖）修建隧道。常见的围堰有模袋砂围堰、土围堰、双层钢板桩围堰、格型钢板桩围堰等。该工法工艺简单，主要用于不通航、水深不大或有枯水期出现的江河与湖泊。明挖法的支护、支撑类型不断丰富，地下水控制等关键技术日趋完善，在隧道及地下工程施工技术百家争鸣的今天，明挖法仍然在浅埋隧道施工领域占据重要地位。

经过多年的发展，国际上的隧道建设也已经发展到了一定的水平，长大隧道的成功案例也对各类设计理念和施工方法进行了检验，同时也发展了一系列新的设计方法和施工技术。参考和学习国际上的先进案例，有利于提高隧道建设的认识，进而进一步提高我国的隧道建设水平。同时，面对新时代的背景和机遇，隧道除了自身的安全、质量的需求外，还需要考虑更深层次的需求，例如低碳环保、绿色经济、舒适安全等。立足长远，久久为功。抓住新时代的机遇，建设满足更高需求的隧道将是我国隧道建设技术实现弯道超车、保持世界先进水平的有效途径。

第二节 以一持万，提要钩玄

随着社会经济水平的持续发展和人们对生活质量要求的不断提高，我国的交通工程建设规模与数量在总体上呈现不断增长的趋势。隧道作为地下通道的工程建筑物，具有某些其他工程无法比拟的优势，因此也呈现出了非常明显的增长趋势，具体表现为里程数不断增加，特长和长大隧道以及大规模隧道群不断涌现，以隧道方式跨越水域的工程日益增加。隧道作为交通运输线路上的工程结构物，具有重大的社会、经济效益。特别是在山岭地区，隧道可克服地形或高程障碍，改善线形，缩短里程，节省时间，减少对植被的破坏；在城市地区可减少地面用地，对疏导交通起到积极的作用；在江河、海峡和港湾等地区，可不影响水路通航，提高舒适性，增加隐蔽性且不受气候影响。由此可见，隧道建设对于交通的发展起着积极的促进作用。

一、建设历程

截至2021年底，我国除港澳台地区外运营铁路隧道达到21055km、公路隧道达到24699km，并建成了一大批地铁隧道、水电隧洞和特殊硐室。经过几十年几代建设者的不懈努力，我国的隧道及地下工程修建技术已跻身世界先进行列。

随着我国经济的高速发展和工程技术实力的不断提升，隧道已经成为打破崇山峻岭阻隔的首选。在铁路隧道方面，截至2021年底，我国已经成功修建了11座20km以上的铁路隧道，最长的是32.645km的青藏铁路关角隧道；在建长度超过20km的铁路隧道有26座，最长的是34.538km的大瑞铁路高黎贡山隧道。我国已完全掌握20km级的铁路隧道的修建技术，正在向修建30km及以上特长隧道发展。此外，地下结构可以节省城市地面空间，同时最低程度地破坏或影响地表植被或既有建构筑物。已建成的北京至张家口高速铁路八达岭地下车站，地下建筑面积约3.6万m^2，是迄今为止世界上最大的高速铁路地下车站，车站两端的渡线隧道开挖跨度32.7m，是国内单拱跨度最大的暗挖铁路隧道。

在公路隧道方面，随着经济的发展，跨区域交通需求不断增加，隧道也由单洞双车道逐步向双洞四车道、六车道、八车道等大断面方向发展。贵州凯里市大阁山隧道为国内首座单洞双向四车道公路隧道，全长496m，最大开挖宽度22m，开挖高度18m，净宽18m；辽宁沈大高速公路金州隧道最大开挖宽度22.48m，最大开挖高度15.52m，净宽19.24m。

此外，我国水域面积辽阔，越来越多的交通建设需要修建跨江、跨海交通通道。在大型的跨江跨河通道方案研究时，都需要进行桥隧方案比选。在环境保护、土地资源保护以及人防功能上，隧道具有显著优势；桥梁则通常在工程造价、行驶环境舒适度以及建筑景观等方面占据优势。因此，相较于大型桥梁，水下隧道以不影响水路通航、不受天气影响，同时有效节约城市用地等优点，建设发展蓬勃。经济越发达，城市用地越紧张的城市，跨越水域的交通方式愈加青睐于水下隧道。上海市于1966年和1984年分别修建了外径为10.22m的打浦路隧道和外径为11.30m的延安东路隧道，由此拉开了我国大型水下隧道建设的序幕。20世纪90年代，上海市又先后修建了外径均为11.0m的延安东路南线隧道、大连路隧道、复兴东路隧道三条越江道路隧道；近年又完成了外径为11.36m的翔殷路隧道和外径为14.5m的上中路隧道。位于长江上游的重庆也于2005年建成了外径为6.32m的越江市政排水隧道。厦门翔安隧道是我国第一条海底隧道，全长8.695km，于2010年建成通车。

近年来，一大批公路与市政用途的大型盾构法越江隧道建设，将我国水下隧道的建设规模和修建技术推进到了新的高度。目前国内已在黄浦江、长江、珠江、钱塘江、湘江等河流采用大直径盾构修建了数十条水下隧道，其中直径最大的盾构隧道是上海长江隧道（长8740m，双向六车道，设计速度为80km/h）和杭州钱江隧道（长4250m，双向六车道，设计速度为80km/h），隧道外径为15.0m；运营里程最长和水压力最高的隧道是广深港高速铁路狮子洋隧道（长10800m，双孔单线，设计速度为350km/h），盾构段长度为9340m，水深为67m；在全断面砂层中掘进最长的隧道是南京长江隧道（长3905m，双向六车道，设计速度为80km/h），直径为14.5m，盾构段长3022m；在长江上开工和贯通最早的大直径盾构隧道是2008年12月通车的武汉长江隧道（长3630m，由两孔外径为11.0m的隧道组成，双向四车道，设计速度为60km/h）。其他已建成的代表性隧道还有2010年12月通车的外径为11.3m的杭州庆春路隧道（长3765m，双向四车道）、2011年12月通车的外径为6.2m的武汉地铁2号线过江隧道（长3100m，双孔）、2014年9月通车的外径为14.5m的扬州瘦西湖隧道（长2230m，双向四车道，单孔双层）等。

二、现状总结

《国家中长期科学和技术发展规划纲要（2006—2020年）》（以下简称《规划纲要》），针对国家重大交通基础设施建设，提出重点突破建设和养护关键技术、提高建设质量、降低全寿命成本的要求；同时指出促进交通运输向节能、环保和更加安全的方向发展，重点开发轨道交通、跨海湾通道、大型桥梁和隧道、综合立体交通枢纽等高难

绿色隧道

度交通运输基础设施建设和养护关键技术及装备。

随着隧道和地下工程建设的迅速发展，我国已成为世界上隧道数量最多，隧道地质条件、结构形式最复杂，隧道技术发展速度最快的国家。隧道建设技术显著提高，制约隧道建设和运营的许多技术瓶颈和设备取得了突破，体现在勘察设计、施工和运营管理等各个方面。总体而言，交通行业建立了隧道工程规划-勘察设计-施工-运营-养护成套技术体系，在钻爆、盾构、沉管以及明挖隧道大型成套施工装备方面实现了跨越式发展，证明我国隧道及地下工程修建水平已跻身国际先进行列，圆满完成了《规划纲要》制定的任务。

虽然我国隧道的建设体量得到了显著提升，然而隧道建设仍是一个劳动密集型和资源粗放型的生产过程。随着科技的发展，隧道也将融合5G（第五代移动通信）、人工智能、大数据等新一代信息技术，朝着机械化、信息化和智能化方向进行产业升级，以适应新时代交通智能、平安、绿色、共享的要求。

第三节　唯进取也，故日新

近年来，世界隧道工程技术发展较快，突破性地建成多项宏伟的隧道工程，例如长57km的瑞士圣哥达基线隧道（铁路隧道）、长55km的连接意大利和奥地利的布伦纳基线隧道（铁路隧道）、长18km的连接丹麦和德国的费马恩隧道（沉管法）等，皆为世界级隧道工程。隧道在长距离化、大跨度化、大埋深化、地质条件复杂化、多功能化、断面布置多样化、施工装备现代化和工程技术交叉化等方面取得了很大的进步。不单是隧道工程的规模宏大，其工程技术的主流趋势也正朝着更加安全、经济、绿色和艺术等方向发展，在理论研究、工程设计、节能减排、新材料应用等诸多领域有着明显进步。

近20年来，我国隧道工程建设高速发展，我国已成为名副其实的隧道大国，隧道数量约占全球隧道数量的50%。特别是我国在各种复杂地质和环境条件下修建的大量隧道，如在岩溶、瓦斯、高地应力、高水头、高地温、冻土等复杂和不良地质，以及在高海拔等艰苦环境下建成的一批重大工程，对各国修建类似工程具有重要参考借鉴意义。除采用传统方法在复杂地质和环境下修建的一大批特长铁路、公路隧道外，还有在各种复杂环境下成功修建的一批大断面盾构隧道。新建成的港珠澳大桥海底隧道是当前世界规模最大的沉管隧道；而在建的深中通道沉管隧道，在规模和难度上比港珠澳大桥海底隧道更大。我国在隧道修建技术方面进步很快，积累了丰富的经验。

基础设施的建设依托于区域的经济建设，虽然得到了快速发展，但同时我们也需要清晰地认识到这是一种不均衡不充分的发展。我国东部地区路网稠密，交通发达；而中西部地区则相对稀疏，交通不畅。"要想富，先修路"，加大基础设施建设是减少区域间不均衡不充分发展的有效途径，同时基建投资也是拉动区域经济发展的驱动力之一。自党的十九大以来，国家对交通强国战略的重视程度持续加深，创新发展的步伐加快。2021年2月，中共中央、国务院印发了《国家综合立体交通网规划纲要》，要求各地区各部门结合实际认真贯彻落实。规划期为2021—2035年，远景展望到21世纪中叶。

此外，传统的劳动密集型和资源粗放型的基建方式必须进行转型升级，经济发展不能以环境破坏为代价，对我国隧道技术从高速度发展到高质量发展的转变十分重要，在建设交通强国的同时，也要建设好美丽中国。隧道工程建设要朝着低碳绿色、节能环保的方向作出突破性的发展，实现人与自然的和谐共处。城市道路隧道和公路隧道由于周边环境的不同，因而具体的绿色需求不一样，下面分别进行阐述。

一、城市道路隧道

随着城市化进程不断加快，快速交通和绿色交通要求日益提高。与桥梁的视觉障碍和占地面积大相比，隧道在城市交通建设中体现出极大的优越性，越来越受到政府和百姓的青睐，建设规模和体量呈爆发式增长。隧道越修越长、断面越修越大、地下空间利用形式越来越复杂，传统的建设理念与交通出行的安全、舒适性之间矛盾凸显，隧道预制化应用及洞内的噪声、照明、尾气等要求需进行系统性研究，以满足节能、环保的绿色建造理念。

我国上海、杭州、南京等城市已通车及在建隧道众多。以南京为例，目前已通车的城市隧道40座，包括2条过江隧道和1条湖底隧道，在建城市隧道40座。如此大规模的隧道运营耗电量巨大，且隧道洞口尾气环境以及洞口、洞内的行车环境，尤其是人车混行隧道的噪声，严重影响出行的安全性和舒适性。这些隧道工程在建设和运营中正逐步探索一些节能、环保新技术，如LED（Light Emitted Diode，发光二极管）照明节能、长隧道顶部开口分段式通风环保和隧道内吸音板降噪技术等，但这些探索均是单个隧道项目成果，较为零散、未成体系，难以综合推广应用。

随着全球能源的匮乏和居住环境的恶化，节能、环保、绿色的概念已成为全球共识。我国于2006发布的《绿色建筑评价标准》（GB/T 50378—2006）首次提出了绿色建筑的概念，并进行了一系列技术研究和工程应用，"十二五"期间完成新建绿色建筑10亿m^2，取得了丰富的成果。推行绿色隧道理念，系统研究绿色隧道技术，提高城市隧道的服务水平，降低隧道建造和运营能耗，实现节能环保，是目前隧道建设的迫切任务和发展目标。

我国第一条水下城市道路隧道——上海打浦路隧道的建设很大程度上考虑了黄浦江两岸的景观需求。因此，隧道建设的本身一定程度上考虑了"绿色"元素，隧道在绿色方面的发展史成为城市发展史的一部分。

随着人们的环保意识不断增强，国家也在不断推进绿色事业发展，城市道路隧道建设所带来的绿色效应，逐渐向绿色建造及绿色运维等方向延伸。

绿色隧道技术发展结合隧道建造和运维需求，综合考虑安全、成本及环境保护等一系列因素，通过硬件与软件措施，在隧道规划、设计、施工和运维中逐步实现技术落地。绿色隧道技术研究方向包括隧道毗邻空间利用、装配式建造、噪声控制、照明节能、通风环保、隧道地热利用、防灾减灾及智慧管养等方面，旨在实现隧道全寿命周期内的安全、节能与环保。

二、公路隧道

随着国民经济的飞速发展及基础设施建设和交通路网的不断完善，公路工程的建设技术、数量以及规模也在不断增大。2014年，交通运输部提出加快推进"综合交通、智慧交通、绿色交通、平安交通"发展的战略决策，实施绿色公路建设是公路行业落实创新、协调、绿色、开放、共享发展理念，推进"四个交通"发展的生动实践和有力抓手。2016年，交通运输部发布的《关于实施绿色公路建设的指导意见》（交办公路〔2016〕93号）进一步探索绿色公路的内涵，"绿色"理念逐步应用于公路领域。交通运输部明确了绿色公路的发展思路和建设目标，提出了五大建设任务，决定开展五个专项行动，推动公路建设发展转型升级。绿色隧道作为绿色公路项目的重要组成部分，其应用技术和研究也尤为重要。

近年来，随着我国基础设施建设的推进，公路隧道建设也飞速发展，为缓解日益增加的交通压力和便捷的交通网奠定了基础，但同时也给环境带来极大的污染和破坏。鉴于此类情况，交通运输部提出绿色交通和绿色公路的建设理念，隧道工程作为公路的重要组成部分，其绿色理念的应用和绿色技术研究也是亟待解决和推广的关键环节。

1.绿色公路理念的内涵及现状

绿色公路是指在公路的全寿命周期内，以创新、协调、绿色、开放、共享为发展理念，最大限度地控制资源占用、降低能源消耗、减少污染排放、保护生态环境，注重建设品质提升与运行效率提高，为驾乘人员提供安全、舒适、便捷、美观的行车环境，与自然和谐共生的公路。

2. 绿色隧道设计

隧道及地下工程的建设在给出行带来便捷的同时，其节能环保、循环利用、减少污染等问题也受到重点关注。为保证隧道"绿色、节能、环保"，采用多种措施及先进技术手段将绿色隧道理念应用于隧道工程的全寿命周期。勘察设计作为施工前置阶段，对绿色隧道的实施和绿色理念的应用尤为重要，隧道环保选线、洞口开挖、土石方平衡及附属设施等方面都有较大的节能降耗空间，设计中应全方位给予高度的重视，并将绿色隧道理念应用于实践。

（1）隧道选线环保设计。隧道轴线选择首先应遵循生态选线的原则，在满足公路基本功能的前提下，坚持统筹全局、地质选线和环保选线，对区域内路网结构及规划进行分析及多方案比选，同时结合地形、地貌、区域地质构造、水文地质条件等进行方案优化，绕避易发生地质灾害段落，减小工程施工难度，合理利用走廊带，最大限度地减少高填深挖，保护植被、减少新增占地和对自然资源、生态环境的影响，优选对生态影响最小的方案，实现建设期与运营期的全寿命周期生态效益。

（2）洞口绿色设计。隧道洞口由于挖深较高、临空面大、围岩较差、风化严重、地表水汇集等因素，如设计方案选取不合理，易发生次生地质灾害，将对生态环境造成较大影响，直接影响施工和运营过程中隧道的安全。因此，设计中应结合隧址区地形、地貌及围岩情况，合理确定洞口位置与进洞方式，兼顾生态环境和施工难易，保证安全运营及节省工程造价，遵循"不破坏就是最大的保护"的理念。

（3）土石方平衡和循环利用。选择路线方案时，在满足技术标准的前提下，合理控制填、挖高度，严格控制土石方数量，尽量保证整体项目的土石方的综合平衡，减少借方和弃方，并且可以从源头解决水土流失问题。此外，隧道洞渣变废为宝也是绿色理念的贯彻方式，可利用隧道洞渣作为路面集料或机制砂等，同时还能降低造价。

（4）隧道附属设施设计。隧道运营节能是设计阶段需要考虑的问题，由于隧道通风功率大和风机台数多，隧道用电容量80%以上都是风机用电容量，所以，通风节能是隧道节能的重中之重。此外，随着特长、长隧道数量的逐年增多，照明设施的规模及数量也逐年增多，其运营所需电量和维护费用也越来越高，从而在隧道设计中应采用节能环保设计降低运营费用就至关重要。

隧道风险事故池的应用，能够加强地下水资源保护，避免事故发生时地表径流由于其有毒有害、易燃易爆等危险化学物质等含量较高，直接排放至敏感水体及路面散流造成环境的污染与破坏，保证环境友好和人身安全。

第二章

呼唤：驭文首术，谋篇大端

第一节　因势而谋
——"绿色隧道"与"流动环境友好空间"

一、把握绿色发展阶段，贯彻绿色发展理念，构建绿色发展格局

从最早出现在西欧发达国家的自发性保护自然环境的绿色运动，到既追求当前发展又兼顾代际利益的可持续发展理念，再到具有中国生态智慧的绿色发展理念，人与自然和谐的绿色价值观逐渐确立并成为国际共识。绿色发展融入了中国古代"天人合一"的哲学思想以及系统整体主义思想，是对可持续发展理念的继承和超越。从复杂性科学哲学视野理解绿色价值观的内涵以及社会生态系统整体优化的系统机制，对绿色发展实践具有重要的方法论意义。

《以新的发展理念引领发展，夺取全面建成小康社会决胜阶段的伟大胜利》是2015年10月29日习近平同志在中共十八届五中全会第二次全体会议上讲话的主要部分。讲话[1]指出："理念是行动的先导，一定的发展实践都是由一定的发展理念来引领的"。"我在《建议》[2]开始起草时就强调，首先要把应该树立什么样的发展理念搞清楚，发展理念是战略性、纲领性、引领性的东西，是发展思路、发展方向、发展着力点的集中体现。

---

[1] 摘自《在党的十八届五中全会第二次全体会议上的讲话》，《求是》，2016年1月1日。
[2] 此处指《中共中央关于制定国民经济和社会发展第十三个五年规划的建议》。

发展理念搞对了，目标任务就好定了，政策举措跟着也就好定了。《建议》提出要坚持创新、协调、绿色、开放、共享的发展理念。这五大发展理念不是凭空得来的，是我们在深刻总结国内外发展经验教训的基础上形成的，也是在深刻分析国内外发展大势的基础上形成的，集中反映了我们党对经济社会发展规律认识的深化，也是针对我国发展中的突出矛盾和问题提出来的。"

2015年10月29日，习近平同志在中共十八届五中全会第二次全体会议上讲话指出："绿色发展注重的是解决人与自然和谐问题。绿色循环低碳发展，是当今时代科技革命和产业变革的方向，是最有前途的发展领域，我国在这方面的潜力相当大，可以形成很多新的经济增长点。"❶

2022年7月26日至27日，省部级主要领导干部"学习习近平总书记重要讲话精神，迎接党的二十大"专题研讨班在北京举行。中共中央总书记、国家主席、中央军委主席习近平发表重要讲话（以下简称"7·26重要讲话"）。"7·26重要讲话"❷强调，在全面建设社会主义现代化国家、向第二个百年奋斗目标进军的新征程上，全党必须高举中国特色社会主义伟大旗帜，坚持以马克思主义中国化时代化最新成果为指导，坚定中国特色社会主义道路自信、理论自信、制度自信、文化自信，坚定不移推进中华民族伟大复兴历史进程。我们要牢牢把握新时代新征程党的中心任务，提出新的思路、新的战略、新的举措，继续统筹推进"五位一体"总体布局、协调推进"四个全面"战略布局，踔厉奋发、勇毅前行、团结奋斗，奋力谱写全面建设社会主义现代化国家崭新篇章。

"7·26重要讲话"站在历史和时代的高度，明确提出要坚定不移贯彻新发展理念，坚定不移推进生态文明建设，推动美丽中国建设迈出重要步伐。实现绿色发展，建设美丽中国，是中华民族"强起来"的题中应有之义。绿色发展包括生产方式绿色化、生活方式绿色化、行为方式绿色化，而其内在精神则是绿色价值观。培育和树立绿色价值观，是推进生态文明建设、走绿色发展之路的关键。

《推动我国生态文明建设迈上新台阶》是中共中央总书记、国家主席、中央军委主席习近平发表于《求是》杂志的重要文章。文章指出："生态文明建设是关系中华民族永续发展的根本大计。中华民族向来尊重自然、热爱自然，绵延5000多年的中华文明孕育着丰富的生态文化。""到2020年全面建成小康社会，是我们党向人民作出的庄严承诺。不能一边宣布全面建成小康社会，一边生态环境质量仍然很差，这样人民不会认可，也经不起历史检验。""要充分发挥党的领导和我国社会主义制度能够集中力量办大事的

---

❶《在党的十八届五中全会第二次全体会议上的讲话》，摘自《求是》（2016年1月1日）。
❷ 摘自《高举中国特色社会主义伟大旗帜　奋力谱写全面建设社会主义现代化国家崭新篇章》，人民日报，2022年07月28日01版。

绿色隧道

政治优势，充分利用改革开放40年来积累的坚实物质基础，加大力度推进生态文明建设、解决生态环境问题。""生态环境是关系党的使命宗旨的重大政治问题，也是关系民生的重大社会问题。""我们要积极回应人民群众所想、所盼、所急，大力推进生态文明建设，不断满足人民日益增长的优美生态环境需要。"

2020年9月22日，国家主席习近平在第七十五届联合国大会一般性辩论上提出："中国将提高国家自主贡献力度，采取更加有力的政策和措施，二氧化碳排放力争于2030年前达到峰值，努力争取2060年前实现碳中和。"❶

2021年4月30日习近平同志主持中共十九届中央政治局第二十九次集体学习时的讲话时指出："要坚持不懈推动绿色低碳发展，建立健全绿色低碳循环发展经济体系，促进经济社会发展全面绿色转型。"❷

在《国务院关于依托黄金水道推动长江经济带发展的指导意见》（国发〔2014〕39号）、《长江经济带综合立体交通走廊规划（2014—2020年）》等政策相继发布之后，国家发展改革委于2020年发布《长江干线过江通道布局规划（2020—2035年）》。该规划指出，目前过江通道仍存在通道总量偏少、部分通道负荷较重、资源利用水平不高等亟待解决的矛盾和问题，到2025年，建成过江通道180座左右，到2035年，建成过江通道240座左右，另长江下游等重点河段应坚持"少桥多隧""宜隧则隧"的原则。

在国家绿色发展政策的感召下，我国具备了强有力的绿色发展潜力。反观隧道行业，我们坚持以人民为中心的发展思想，贯彻落实绿色发展理念，着力研发并推广公路隧道绿色建设技术，带动我国公路隧道建设水平实现整体跃升。

基于大批重难点隧道及地下工程建设，我国在公路隧道工程勘察技术、隧道建设BIM（Building Information Modeling，建筑信息模型）技术、隧道机械化及智能化建设技术、盾构/TBM（Tunnel Boring Machine，全断面硬岩隧道掘进机）制造及再制造技术、隧道大数据平台建设技术等方面均取得了长足发展。

江苏省隧道建设经历了从当时为"万里长江第一隧"的南京长江隧道、"江底70m深处的世界级工程"的南京扬子江隧道，到长江上盾构施工难度最大的过江通道——南京和燕路过江通道，隧道建设技术已相当成熟。

二、软、硬实力兼备，公路隧道绿色发展势在必行

毋庸置疑的是，在过去十几年中，我国的公路隧道始终处于飞速发展阶段，其以快

---

❶ 摘自《习近平在第七十五届联合国大会一般性辩论上的讲话》，《人民日报》（2020年09月23日03版）。
❷ 摘自《保持生态文明建设战略定力 努力建设人与自然和谐共生的现代化》，《人民日报》（2021年05月02日01版）。

速便捷、占地面积小等特点在交通运输中体现出极大的优越性，建设规模和总量也呈持续增长趋势。截至2021年底，我国公路隧道数量为23268座，隧道总长度达到2469.89万m。我国已成为世界上公路隧道里程最长、规模最大、发展最快的国家。在公路隧道快速发展过程中，关于绿色、可持续的话题也得到了越来越多的关注。交通运输部印发的《绿色交通"十四五"发展规划》提出，"到2025年，交通运输领域绿色低碳生产方式初步形成，基本实现基础设施环境友好、运输装备清洁低碳、运输组织集约高效，重点领域取得突破性进展，绿色发展水平总体适应交通强国建设阶段性要求。"

公路基础设施作为公路运输体系的重要载体，其建设与运营碳排放总量占整个交通运输行业的5.97%，是减碳排放的重点。《公路"十四五"发展规划》紧紧围绕新阶段、新理念、新格局发展要求，全面贯彻落实《交通强国建设纲要》《国家综合立体交通网规划纲要》部署要求，突出公路交通高质量发展主题，从解决"有没有"转向重点解决"好不好"，更加注重推动"建管养运"协调发展，更加注重加强与其他运输方式、关联产业的融合发展，更加注重提升供给质量、服务品质和服务体验。公路隧道是公路的重要组成部分，其环境相较普通公路人工环境更复杂、建设运营能耗更高，在公路能耗中占有最高比重。因此，发展绿色低碳的公路隧道是加快交通强国建设、引领绿色交通发展目标的必经之路。

三、探究绿色隧道理念及内涵

公路隧道在空间上呈半封闭、带状结构特征，由于空间的限制使隧道内行车环境状况比较复杂，受结构特点影响会呈现出时空分布变化，属于流动空间范畴，有悖于传统地方空间概念。传统意义上的空间是包裹在客观物质地域制约内，形成固化且相对静止、封闭的空间。而流动空间更侧重变化、流动的结构关系，其完全打破了原有特定封闭区域的限制，通过内外环境因素综合作用去改变原有空间特性。倘若隧道流动空间内交通安全设施或其他附属设施在应对特殊工况时处理不当，则会导致隧道某些区段成为高速公路事故多发区，并且极易引发二次交通事故，引起高速公路堵塞，造成重大经济损失。隧道流动空间正常运营工况下，隧道和外部气象条件及内部车流量作为影响因素直接或间接地影响隧道内部照明、通风等机电系统运行状态，隧道内部气流组织、照明亮度、均匀度等环境参数随之变化，以适应隧道运营安全与驾乘人员舒适性需求；交通堵塞、火灾等事故工况下，公路隧道运营技术应与隧道运营管理模式、所处路段的运营管理相协调，做到现场情况掌握准确、运营策略适宜、应急处理迅速得当。隧道内行驶车辆排放出的气态及游离固态微粒混合成的有害废气和车辆携带烟尘及卷起的污染物，

绿色隧道

因隧道内空间的限制，往往不能很快扩散和消失，导致隧道内的空气质量极差。若这些有毒有害气体浓度超标，便极易对驾乘人员的健康、生命造成危害。由此可见，流动空间服务于人车通行，优化流动空间人工环境并实施节能减排技术是提高交通安全、降低系统能耗的关键。公路隧道作为流动空间中最为复杂的研究对象，隧道环境监测与控制技术成为保证公路隧道安全及运营安全与舒适的重要手段，探究其流动空间特性与环境优化技术具有重要的理论价值和现实意义。

绿色隧道理念是随着社会经济的发展逐渐形成的，并非一蹴而就。最初，人们修建公路隧道只考虑其功能性，因为隧道可以有效解决城市发展空间不足的问题，节省通行时间、降低运输成本。鉴于隧道建设、运营过程中不断出现的环境问题，人们开始关注它对周围生态环境带来的影响。"绿色隧道"的概念最早出现在山岭隧道建设高峰期，基于当时的政策导向和理念要求，"绿色"具体体现在景观层面上。近年来，随着绿色、可持续发展理念的不断推广，众多学者在公路隧道节能环保、绿色建造等领域开展了大量研究，为提升其整体性能、改善通行环境、节约资源、保护环境作出了诸多探索和努力，不断丰富隧道绿色理念。

隧道是半封闭式建筑，需要进行全天候的主动环境营造，这一特性属于人工环境学范畴，也可以类比建筑。目前，国内外绿色建筑理念发展已较完善，可为绿色隧道理念提供指引。在2019年版《绿色建筑评价标准》（GB/T 50378—2019）中，绿色建筑被定义为"在全寿命周期内，节约资源、保护环境、减少污染，为人们提供健康、适用、高效的使用空间，最大限度地实现人与自然和谐共生的高质量建筑。"可以看出，绿色建筑不再只关注节能、节地、节水、节材和环境保护，而且考虑了使用者的舒适与健康。绿色隧道要体现现代生态文明发展方式，并汲取建筑和交通科技发展过程中产生的新理念和新技术。因此，在符合环境要求又满足人民需求的前提下，应充分考虑安全、舒适、便捷、节能、环保的全过程全方位评价，这样，"绿色隧道"的理念也便随之而来。

1. 国内外标准中的"绿色"内涵

截至2022年，国内外已有相对完善的绿色公路和绿色建筑理念及评价体系，而绿色隧道的理念及评价体系则鲜有人研究。公路隧道作为交通运输业的重要组成部分，是减少碳排放的重点，探究绿色内涵应是引领绿色隧道发展的前提与关键。

绿色公路的要义是克服公路在建设过程中，对环境、资源甚至社会带来的负面影响，以实现绿色可持续发展目标。发达国家在经历了经济与环境博弈式发展后，最先在绿色公路评价方面取得较多的成果。美国绿色道路评级系统Greenroads定义了路面可持续性的属性，并对此属性建立量化评价方法；加拿大GreenPave对路面技术建立道路可持续评价体系；美国联邦公路局INVEST基于社会、经济、环境三重底线原则对公路规划、设计施工和运营养护三个环节进行基础设施可持续评估。为了鼓励我国绿色公路建设和大力推广，交通运输部先后发布了相关指导意见和标准。交通运输部在2014年的全国交通运输工作会议上提出要加快推进综合交通、智慧交通、绿色交通、平安交通发展，使绿色交通成为交通运输重要发展方向之一。2016年，交通运输部颁布的《关于实施绿色公路建设的指导意见》（交办公路〔2016〕93号）中强调了建设以质量优良为前提，以资源节约、生态环保、节能高效、服务提升为主要特征的绿色公路；2018年发布的行业标准《绿色交通设施评估技术要求　第1部分：绿色公路》（JT/T 1199.1—2018）中定义绿色公路为"在公路的全寿命周期内，以创新、协调、绿色、开放、共享为发展理念，最大限度地控制资源占用、降低能源消耗、减少污染排放、保护生态环境，注重建设品质提升与运行效率提高，为人们提供安全、舒适、便捷、美观的行车环境，与自然和谐共生的公路。"伴随绿色发展理念的不断深入，"绿色"内涵已由"感官绿"发展到"品质绿"，并逐步深入到"服务绿"。

绿色公路的定义实际是在绿色建筑之后才提出的，且绿色公路的评价过程在很大程度上借鉴了绿色建筑理念。建筑领域的绿色评价体系可以追溯到20世纪90年代，英国的《建筑环境评估法》BREEAM（1990）采取"因地制宜、平衡效益"的核心理念从建筑性能、设计与建造、管理与运行这三个方面对建筑进行评价；美国《能源与环境设计先导的绿色建筑评估体系》LEED（1995）从建筑全生命的角度对建筑整体的环境性能进行评估；加拿大等多国采用基于全寿命周期思想开发的GBTool（1996）系统，对建筑在设计及完工后的环境性能予以评价；日本的CASEBEE（2001）采用建筑物综合环境性能评价方法从"环境效率"定义出发，评价建筑物在限定的环境下，采取措施降低环境负荷的效果；澳大利亚的NABERS（2003）针对建筑在运行过程中的可持续发展问题，评价建筑实际使用效果。我国于2003年推出首个绿色建筑评估体系——《绿色奥运建筑评估体系》，它主要针对奥运建筑与园区建设的"绿色化"程度进行评价；住房和城乡建设部在2019年发布的《绿色建筑评价标准》（GB/T 50378—2019）从安全耐久、健康舒适、生活便利、资源节约、环境宜居五大方面对民用建筑绿色性能进行评价。各国的评价体系或标准都有其自身国情的特点和印记，同时，随着科技的发展和人们认知水平的不断提高，每一种体系或标准都有其滞后性的一面。结合现有的科技和认知，分析和研究这些标准或体系的异同，对于发展我国的绿色隧道评价体系及相关标准有很大

绿色隧道

帮助。

由于隧道具备和建筑一样的人工环境和主动营造特点，故其绿色内涵可以借鉴绿色建筑理念。目前，有部分学者在隧道专项绿色性能方面已有了一些研究成果，但对隧道系统性绿色评价较少，绿色隧道的定义也未统一。总结现有隧道评价标准、规范，可以看出，其中"以人为本"的理念体现不够，服务"可感知"性略有欠缺，没有让使用者感受到隧道在健康、舒适、提高质量等方面的优势，在追求"合格率"向"满意度"跃升中体现不够。此外，如今比较成熟的绿色低碳公路相关标准规范中虽涵盖了隧道工程低碳建设与运营养护的相关章节内容，但却仍存在针对性差、技术配套不全、审查及验收环节不适用等问题，现有标准参数水平落后于汽车工业及环保政策发展，对新技术、新理念的响应性差，缺乏具备较强引导性、可操作性和针对性的公路隧道绿色低碳技术指标研究。如今社会对工程项目品质、环境等方面的要求越来越高，也促使形成符合当前交通强国政策环境要求的"综合交通、智慧交通、绿色交通、平安交通"全过程理念和技术管理途径。因此，为响应当前隧道交通科技新理念、新技术发展，契合新时代绿色隧道高质量发展需求，明确绿色隧道内涵，构建新时代的绿色隧道评价体系，是目前隧道建设的迫切任务和发展目标。

2. 绿色隧道的内涵与外延

绿色隧道隶属于绿色公路，是绿色交通的重要组成部分，其内涵范围需结合绿色交通的内涵界定。"绿色交通"的核心在于提高交通运输的能源效率，改善交通运输的能源结构，优化交通运输的发展方式，最终实现交通行业的可持续发展。其中，既包括交通系统内部的优化问题，又涵盖了交通系统与外部环境的协调、共生问题。国内许多专家对绿色隧道的评价研究做了积极探索，其理念已从提高建造技术来实现"四节一环保"（即节水、节能、节地、节材、生态环保）目的，逐渐扩展为通过提升工程质量、服务水平、管理能力等方面来促进行业可持续发展，但较少涉及如何更全面地改善隧道内部人工环境，从而促进人、车、隧道、自然协调发展。因此，绿色隧道的内涵应在减少对外部环境影响的基础上加入以人为本的理念，关注隧道内部环境优化，进而提高隧道环境舒适度。例如，在建设与运营过程中有效减少碳排放、大力节约集约利用资源、加强生态环境保护；对隧道内部高能耗的通风、照明系统节能优化运行并改善空气品质、照明质量；在施工过程中，需要对恶劣施工环境进行改善，来减小对施工人员的健康损害；在运营期间也要考虑隧道声光、通风环境对驾乘人员生理健康的影响。

基于隧道的人工环境特性，同时结合以人为本的核心理念，绿色隧道需要建立流动环境友好空间的本质与要求。这里的"流动"是指隧道空间相对于人运动，环境会在时间和空间分布上呈现动态变化过程，这些均受隧道外环境、隧道系统运行、交通量等影响，呈现出时空维度。"友好"主要指隧道对周围环境的"友好"以及隧道环境对人的"友好"，意在表达促进人、车、隧道、自然四者协调发展。根据绿色建筑概念的延伸，绿色隧道定义为："绿色隧道是立足隧道建设全寿命周期理念，聚焦结构安全、行车舒适、通行便捷、节约资源、保护环境的核心需求，打造以人为本的流动环境友好空间，最大限度地实现人与自然和谐共生的高质量隧道。"

第二节　应势而动
——绿色隧道建设路径

一、我国绿色公路发展现状

改革开放以来，我国公路建设取得了突飞猛进的发展。尤其是"十二五"以来，随着公路建设者环保意识的增强，在国家生态文明建设、绿色发展和交通运输部"六个坚持、六个树立"理念推动下以及"五化"工程管理"绿色交通"发展理念引领下，公路发展以节能减排、资源节约与循环利用以及生态环境保护为核心价值理念，将绿色环保理念贯穿于公路规划、设计、施工、养护、运营、管理等全寿命周期，各地已相继开展以集约、节约、循环、低碳为主题的绿色公路建设，对绿色公路的内涵进行不断探索和实践，大力推广应用先进适用技术和产品，在设计理念、建设思路、建设品质、服务意识及运行效率等方面都取得了极大的转变与提升，能源消耗和碳排放量不断减少、环境效益明显改善，绿色公路建设取得了一定成效。

1. 绿色公路发展理念不断完善

2004年交通部提出的"六个坚持、六个树立"公路设计建设新理念，得到了公路行业从勘察设计到建设管理各单位的广泛认同和贯彻落实，以川九路为代表的一大批公路勘察设计典型示范工程的实施，极大地提升了公路设计理念和设计水平。2009年，公路建设全面推行现代工程管理理念，提出人本化、专业化、标准化、信息化、精细化的"五化"管理要求，在全国范围开展了为期3年的施工标准化活动，促进了公路建设管理水平跨上新台阶。党的十八大以来，生态文明建设已经纳入中国特色社会主义建设"五位一体"总体布局。中共十八届五中全会进一步提出了创新、协调、绿色、开放、共享

绿色隧道

的发展理念，绿色发展已经成为"十三五"和今后经济社会发展的基本理念；党的十九大首次提出了习近平新时代中国特色社会主义思想，并提出"加快生态文明体制改革，建设美丽中国""形成绿色发展方式和生活方式"。绿色公路是绿色交通的重要组成部分。在生态文明建设和绿色发展理念得到高度重视，资源节约、环境友好要求进一步提高的新形势下，绿色发展理念统筹于公路规划、设计、建设、运营、管理、服务全过程，强调均衡协调，突出建、管、养、运并重，降低全寿命周期成本。绿色公路建设作为推进绿色交通发展的切入点，对于转变公路发展方式、推动公路建设持续健康发展、打造交通行业生态文明建设具有重要意义。基于可持续发展的绿色公路发展理念，能够保护好绿水青山，又能带来金山银山，实现人们对于美好生活的迫切渴望，已成为新时期和新时代交通发展新亮点。

2. 绿色公路政策法规制度不断健全

绿色公路建设不断强化政府规划、政策意见的指导作用，逐步建立了公路绿色发展的相关制度和标准体系，充分发挥了公路建设、管理、养护等各方参与的作用，规范和引导绿色公路建设发展。2011年以来，交通运输部先后发布了《建设低碳交通运输体系指导意见》（交政法发〔2011〕53号）、《建设低碳交通运输体系试点工作方案》（交政法发〔2011〕53号）等一系列文件，部署和推动绿色交通发展，积极促进了绿色公路的建设。2016年，为践行绿色交通，完成《交通运输节能环保"十三五"发展规划》目标，推进绿色公路建设，交通运输部发布了《关于实施绿色公路建设的指导意见》（交公路发〔2016〕93号），明确了绿色公路的发展思路和建设目标，提出了五大建设任务，决定开展五个专项行动，推动公路建设发展转型升级。此外，各地方从绿色公路建管养运层面也先后发布了一系列文件，部署和推动各省（区、市）绿色公路发展。

3. 绿色公路组织结构建设不断完善

"十二五"以来，交通运输部建立部省共同推进绿色公路建设管理机制，建设了一批绿色公路典型示范项目，形成了较为完备的组织机构和完善的管理制度，为绿色公路建设提供了监管保障。在绿色公路示范项目创建过程中，由省（区、市）交通运输厅（局、委）组成试点工作领导小组，负责试点工作的总体组织、领导、统筹与协调；由实施单位及公路全寿命周期内各参建主体组成试点工作实施工作组，具体落实绿色公路在设计、施工、运营、管理等不同环节中的管理要求。此外，制定了绿色公路发展的总体思路、技术路线和政策措施，建立了绿色公路建设的目标责任制和考核制度。

4. 绿色公路生态修复取得显著成效

近年来，在公路建设迅猛发展的同时，我国在生态保护等方面也取得了显著的成就，公路建设过程中不断推行生态环保设计和严格施工环境保护，不断加强生态选线，重点加强对自然地貌、原生植被、表土资源、湿地生态、野生动物等方面的保护，落实环境保护、水土保持要求，做好临时用地的生态恢复。

5. 绿色公路技术得到不断推广

随着可持续发展理念的不断深入，我国高速公路在规划、设计、建设、运营、管理、服务全过程中贯穿绿色发展理念，积极应用节能技术和清洁能源，不断推进节能通风与采光、供配电系统节能技术、LED节能灯具、照明智能控制系统、温拌沥青技术和冷补养护技术等技术与设备应用，大力推行废旧材料再生循环利用，绿色环保技术不断得到应用。

这些技术的推广和应用，一方面在公路建设过程中取得了较为显著的节能减排效益，另一方面也为我国绿色公路全面推广绿色低碳技术提供了技术保障。此外，创建了一批生态环保技术应用示范项目，为绿色公路全面落实生态环保要求奠定了基础。

6. 绿色公路试点建设取得初步成效

"十二五"以来，交通运输部开展了一批以绿色循环低碳公路为代表的节能减排示范项目和科技示范工程、绿色循环低碳主题性项目和绿色公路试点。"十二五"期间，交通运输部、财政部联合印发了《交通运输节能减排专项资金管理暂行办法》，以专项资金行动支持交通运输节能减排工作，为绿色公路建设发展带来了契机。"十二五"期间共支持广东广中江高速公路、云南麻昭高速公路、贵州盘兴高速公路等17个绿色公路建设，重点支持节能减排技术在公路建设运营过程中的应用，取得了良好的示范作用。"十三五"以来，为推动公路建设转型升级，交通运输部推进了共3批33个绿色公路建设典型示范工程，达到了各省（区、市）全覆盖。绿色公路主题性示范工程和绿色公路示范项目的推进，对于打造公路建设新亮点，树立行业典型，以点带面，推动全行业开展绿色公路建设具有重要的示范意义。

7. 绿色公路管理能力不断增强

"十二五"以来，我国绿色公路不断推进节能减排与绿色低碳发展统计监测考核体系建设，绿色公路设计、施工、养护和运营管理的指南标准规范和管理制度体系不断完善，与绿色公路发展相适应的人才工作管理体制机制和运行机制逐渐形成。特别是以绿色公路示范为代表的示范项目和科技示范工程的相继实施，使公路设计新理念内容不断丰富，节地节水、节能减排、低碳环保等举措得到有效落实，公路建设管理水平不断增强。以青海花久高速公路为例，公路在建设运营过程中建立了能源统计监测考核制度、科学有效的能耗统计指标和碳排放监测体系，以及施工期能耗监测管理信息系统。

8. 绿色公路宣传培训广泛开展

"十二五"以来，我国在绿色公路建设中加强了对绿色公路相关技术的宣传，对于宣传推进绿色公路发展成就、树立公路行业社会形象建设具有至关重要的作用，为绿色公路建设营造了社会广泛参与的良好气氛。具体措施包括注重宣传引导，广泛、深入、持久地开展形式多样的绿色公路宣传；加强教育培训，组织开展经常性的节能减排培训教育、技术和经验交流工作；加强人才队伍建设，开展形式多样、内容丰富的专项培训、技术和经验交流；深化对外合作交流，促进先进技术推广和经验交流。以陕西黄延绿色公路为例，项目实施过程中加强了绿色循环低碳高速公路培训与宣传，对试点项目进行总结与归纳，形成有关绿色高速公路的培训手册，通过组织开展经常性的绿色交通知识培训，在行业内培养出一支具有专业素养的高质量队伍；此外，黄延高速公路还利用展览馆、行业报刊、网站、现场展板、沿线广告等各种方式和途径，广泛、深入、持久地开展绿色公路的宣传教育活动，营造了全社会参与、支持和监督的工作环境，增强了全民参与建设绿色公路的主动性和积极性。

二、绿色公路发展存在的问题

我国绿色公路建设得益于中央财政资金引导，虽取得了很大的进步，但我国公路行业能源资源利用效率不高、生态环境影响较大、建设发展方式粗放的格局尚未根本改变，还存在绿色公路标准规范少、市场机制不健全等交通发展不平衡不充分等问题。

1. 绿色公路结构性矛盾仍然存在

新时代我国主要矛盾已成为人民日益增长的美好生活需要和不平衡不充分的发展之间的矛盾，交通运输不平衡不充分问题也仍然存在。公路的修建，不可避免地会对原有生态系统产生影响，包括减少耕地面积、改变周围水系结构、减少物种多样性、造成植被破坏等。绿色公路建设应坚持创新驱动，大力推动理念创新、技术创新、管理创新和制度创新，高度重视公路、环境、社会各方面、各要素的关系，提高资源和能源利用率，发挥公路先导性和基础性作用，实现在发展中保护、在保护中发展，确保公路建设健康可持续发展。

2. 目前界定绿色公路相关标准规范很少

目前，有关绿色公路建设的标准、机制还不够完善，无论是资金、技术还是产业政策，都很缺乏。应积极推广应用公路节能环保先进适用技术目录，对淘汰落后的技术制定强制性退出标准，出台绿色公路建设标准指南等。

3. 绿色公路建设中市场配置资源作用尚未充分发挥

目前公路节能减排、生态环保、资源循环利用等技术推广还不能完全通过市场机制来实现，还需依靠国家行业主管部门的有效引导和大力推动，市场配置资源作用没有充分发挥。因此，需要企业通过建立能源合同管理、建设能源管理体系等市场机制推动绿色公路发展。

三、绿色隧道发展路径思考

我国公路隧道建设数量和规模不断增加，截至2021年底全国通车公路隧道总长度达到2469.89万m，特长隧道占比逐年递增，交通量持续增加。隧道建设与绿色发展的矛盾问题十分突出。新认知与新技术应用的双向发展，使隧道向绿色方向发展的需求愈加迫切。

1. 标准引领，支撑绿色隧道建设管理

国内尚无系统的"绿色隧道"案例，未形成成熟的技术体系，缺少全面科学的全过程标准与评价方法。现有标准多采纳设计性指标，如何结合理念性指标、政策性指标、技术性指标、设计性指标，从隧道设计、施工、运行三个阶段建造和评价绿色隧道已成为亟待解决的重大问题。绿色隧道管理体系、技术体系、评价体系的构建，以及相关标准体系的研究编制，是支撑绿色隧道建设管理的重要指导。

2. 品质为本，夯实绿色隧道发展基础

安全耐久是交通基础设施高质量发展的根本基础。按照加快建设交通强国的要求，在基础设施建设质量安全领域，要继续深入开展"平安百年品质工程"攻关，推动我国基础设施耐久性安全性整体提升。隧道的建设品质、健康服役不仅是绿色隧道发展的先决条件，更是绿色隧道最根本的内涵。

3. 绿色低碳，推动碳达峰碳中和进程

随着隧道建设规模和通行需求的不断增加，建设运营资源能耗消耗、污染排放、生态影响等问题突出。在美丽中国、生态文明建设、碳达峰碳中和目标等战略引导下，绿色隧道发展需破解全寿命周期资源利用、生态保护、节能降碳等难题。

4. 以人为本，打造流动环境友好空间

人民日益增长的美好生活需要带来了对交通发展更高的愿景，传统隧道建设更多关注于功能需求，在隧道半封闭环境中营造安全舒适驾乘空间未得到足够关注。"以人为本"是绿色隧道在现代生态文明发展下的重要理念。

第三章

标准：统驱百策，御率千军

第一节　绿色隧道管理体系

一、项目管理

我国对工程建设与环境和谐共处的重要性意识出现相对较晚，尤其是环境保护。20世纪70年代末至80年代初，人们对环境问题的严重性有了初步的认识。

1979年《中华人民共和国环境保护法（试行）》的颁布实施，使全国环境保护开始走向法制管理。在1983年底召开的第二次全国环境保护会议上，我国将环境保护确定为基本国策，同时提出了"三同步""三统一"和三大环境保护政策。1987年《交通建设项目环境保护管理办法（试行）》颁布，公路绿色施工开始萌芽，并开启了我国公路环境保护领域的研究。1989年，我国形成八项环境管理制度，并正式颁布了《中华人民共和国环境保护法》，其成为公路建设环境保护的关键依据。1996年，环境保护领域相关会议阐述了环境与工程和谐共处的重要性，这代表着我国环境影响评价研究进入新时期。2002年，我国颁布《中华人民共和国环境影响评价方法》。此后，公路领域先后颁布《交通建设项目环境保护管理办法》和《公路建设项目环境影响评价规范》。这些文件的颁布实施不仅表明我国公路建设环境评价已经进入法规阶段，也表明我国的公路建设已将与环境协调发展放在首要位置。

随着我国经济高速发展，资源、能源消耗和环境问题也愈加突出。在此基础之上，可持续发展战略被提出，同时绿色生态环境保护理念孕育而生。此外，潘加军等对生态环境保护理念进行剖析，提出坚持以人民为中心的价值取向、推动生态民主广泛参与，是推进国家生态治理体系与治理能力现代化、建立健全生态文明制度体系的实践路径。同时，赵红等基于生态环境保护理念，结合实测数据分析了公路工程施工期对生态环境、声环境、大气环境、水环境、废弃物及光环境的影响，并以此为基础初步建立施工期的环境保护方案，以期为公路绿色施工环保方案编制提供参考。由此，我国公路工程的环境管理从管理战略、管理思想和管理目标等方面都有了重大的转变，且日趋成熟。

近年来，随着生态文明建设、碳达峰碳中和目标等的相继提出，江苏省交通工程建设局对高速公路建设过程中的环保管理也进行了积极探索，并取得了一定成果。其中，具有代表性的有五峰山过江通道公路接线工程、苏锡常南部高速公路常州至无锡段工程、常泰大桥项目等。截至2021年底，江苏省内高速公路典型项目环保管理机构一般可分3层，即项目建设单位、项目现场管理机构、监理及施工单位。其中，由项目建设单位对项目的整体环境保护工作负领导责任，并组织开展环境保护督查，以及后续具体的评价和奖惩等工作。项目现场指挥部主要负责项目整体的环保管理工作，根据指挥部参与环保管理工作程度的不同，可分为两种管理模式，如图3-1所示。

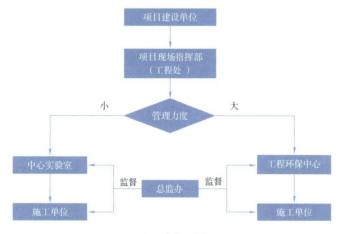

图3-1 环保管理机构图

1. 中心实验室代管管理模式

以苏锡南部高速公路项目和五峰山过江通道工程为例，首先，项目现场指挥部将环保管理工作纳入目第三方实验室工作职责，制定了环保专项方案及防治措施；其次，在施工过程中，建设单位及监理单位负责日常的环保专项检查及抽查工作，但尚未形成固

绿色隧道

化的工作流程，检查的内容也并不全面；最后，施工单位成立以项目经理为组长的绿色环保施工管理小组，其他各部门协同管理，但是一方面各部门相关人员的环保专业性和重视程度得不到保证，另一方面，由于缺乏信息化的管理平台作为工作开展的抓手，故对环保管理工作的执行和具体环保措施的落实会产生消极影响。以上因素均导致中心实验室代管管理效果并不显著。

2. 工程环保中心代管管理模式

以常泰大桥项目为例，项目在招标阶段，就明确建立工程环保中心，由第三方服务单位负责日常的环保管理工作。工程环保中心的主要工作职责为：

（1）编制项目环保咨询（环境监理）服务方案及环境监测实施方案，协助建设单位编制项目环保管理制度及管理用表；

（2）对设计的环保方案、施工组织设计等提出环保专业性建议；

（3）施工期（含施工准备期）及缺陷责任期内，审查各施工及监理标段环保内业资料、环保措施方案并督促落实；

（4）定期提交环保咨询工作报告（周报、月报、季报、年报）及监测报告（施工期定期监测报告）；

（5）定期收集、整理、审核水土保持监测相关资料；

（6）做好项目环保日常巡查、检查等工作，下发联系单、监理通知单，组织和参加相关的环保工作会议和相关管理部门的环保检查工作等；

（7）协助建设单位组织项目竣工环保验收和水土保持专项验收，编制项目环境监理、监测工作报告等；

（8）完成其他现场环境管理工作。

总体而言，相较以前粗放式的管理，不论是中心实验室代管管理模式还是工程环保中心代管管理模式，基本都实现了"专业的人做专业的事"，从而有效提高了项目日常环保管理水平。成立环保中心是为了更好地开展全寿命周期环保管理咨询服务，在项目设计前开始介入，至缺陷责任期结束。但是，这两种管理模式都是以现场绿色施工管理为主，较少涉及由于工程施工对周边环境造成的影响，且无法准确地量化，做到对症下药、有的放矢。

二、省级管理

1. 引入绿色指数评价

基于绿色隧道建管特点，秉持系统性、科学性、独立性、代表性、客观性等原则，从基本项、绿色管理体系、过程管理、社会监督以及加分项五大目标层着手，针对现场管理机构、监理单位以及施工单位建立三套指标体系，应用打分法，得到项目绿色指数、监理单位绿色指数以及施工单位绿色指数，构建了项目级绿色管理评价体系，有利于形成良好的示范推广效应。

2. 建立江苏省绿色交通建设工程监测数据中心

1）数据中心总体定位与建设目标

江苏省绿色交通建设工程监测数据中心由江苏省交通工程建设局、江苏省环境监测中心以及江苏中路工程技术研究院有限公司等单位负责建设，旨在为江苏省交通工程建设的环境保护管理提供决策服务，作为交通工程建设环保管理的重要抓手，提升交通工程环境保护管理技术水平，并作为交通、环保等政府主管部门联动协同机制建设的载体。数据中心分阶段规划目标如下：

（1）2020—2021年，依托江阴靖江长江隧道项目，构建省级绿色交通建设公路数据中心，实现数据采集、数据分析、联动管控等基本功能。

（2）2022—2024年，面向江苏省重点交通工程建设项目，全面实现精细化监测，实现网格化的环境监测与数据分析决策服务，用户后续扩展至各级交通建设主管部门与建设单位。

2）数据中心功能设计

江苏省绿色交通建设工程监测数据中心根据不同阶段发展定位，总体实现两个功能属性：①强化、完善、提升既有交通建设工程的环境保护管理；②精细化网格化的监测数据分析支撑交通与环保部门的管控联动。

具体到项目建设过程中，基于公路工程建设过程中产生的环境污染问题，运用大数据手段，集成多来源、多类型、多尺度的生态环境数据，拟开展环境网格化监控管理，并进行实时分析，从而有效促进环境监管的精细化和科学化。

现阶段为实现公路建设环保精准化与差别化管理目标，初步规划本监测中心软件系统功能如下：

（1）环保数据监测与采集。针对环保费用、投诉管理、环保督查及绿色指数采取统计的方式获取数据；针对噪声、大气环境（PM10、PM2.5等）及水环境[COD（Chemical Oxygen Demand，化学需氧量）、总磷、总氮、氨氮等]，采用物联设备自行采集，从而减少人工对于信息数据的干预，并且能够实现数据实时性；土壤、水土流失采用定期现场取样通过室内试验检测获取环境数据。

（2）环保大数据分析及可视化。贯彻精准化与差别化管控理念，在数据统计分析的基础上，基于网格化管理，结合环境风险分级管控体系，设置环境影响因子指标及控制阈值，并且实现项目及行业可视化管理。

（3）环保管理决策与联动。在大数据分析的基础上，通过江苏省绿色交通建设工程监测数据中心实现两个层次的环保管理决策与联动，一是实现江苏省交通工程建设局内部高速公路建设环保管理的决策与联动；二是实现江苏省交通工程建设局与江苏省绿色交通建设工程监测数据中心对于高速公路建设环保管理的决策与联动。

3. 建设绿色交通示范工程

党的十九大以来，江苏省交通运输厅积极落实"交通强国"国家战略，全力构建现代化综合交通运输体系，被列为首批交通强国建设试点省份，率先建成交通强省目标已经确立。至2035年，全省规划新建高速公路约1580km、扩建约1075km，已建和在建长江过江通道达到36座，江苏省交通基础设施建设任务十分繁重。

为了把交通强国建设目标与生态文明管理机制统筹好协调好，江苏省生态环境厅与江苏省交通运输厅在既有合作机制的基础上，经友好协商，联合打造绿色交通工程建设示范工程试点，推进"美丽江苏"建设的交通新实践。

2020年10月，江苏省生态环境厅、江苏省交通运输厅正式签订《关于推进绿色交通工程建设示范工程试点合作框架协议》，明确以江阴靖江长江隧道工程为试点，实施精准化监测，建设江苏省绿色交通建设工程监测数据中心，落实差别化分级管控与豁免。根据两厅协议总体要求，实施精准化监测，构建了江阴靖江长江隧道三级网格化监测体系，依托绿色隧道管理平台，实现了数据互通共享，积极推进绿色交通工程建设示范工程建设。

三、行业管理

推动标准引领"绿色隧道"建设，首创提出"绿色隧道"和"流动环境友好空间"的理念，推动打造安全、舒适、智慧驾乘空间。依托14项设计专题、16项施工专题及江苏省交通运输重点科技项目研究，申报实施住房和城乡建设部"高水压大直径盾构公路绿色隧道"科技示范工程，形成全寿命周期绿色隧道评价标准（草案）及标准框架，力争构建绿色隧道管理体系、技术体系、评价体系、标准体系，打造公路水下盾构绿色建设技术标准体系，力争上升至行业标准、国家标准，填补国内绿色隧道技术体系和评价标准方面的空白。

1. 管理体系

基于江阴靖江长江隧道绿色隧道建管创新，探索绿色隧道顶层建管模式，完善绿色隧道顶层管理模式，形成成熟管理机制，进一步推广至高速公路、过江大桥等其他典型项目。

2. 评价体系

依托江阴靖江长江隧道"绿色隧道"项目构建绿色隧道评价标准，通过"绿色隧道"主题项目创建，提升工程品质，保障本质安全，坚守绿色底色，显著提高工程建设水平和服务水平。

3. 技术体系

围绕结构安全耐久、行车安全舒适、通行避险疏散、资源节约利用、生态环境保护五大属性维度，聚焦隧道通风照明、多重防水体系、盾构渣土及废浆处理等关键技术，形成成套的技术指南。

4. 标准体系

基于技术体系五个方面研究成果，结合既有标准现状，分析标准研究制定需求，聚焦"绿色隧道"核心目标，提出标准体系框架，制定绿色隧道标准制修订规划。

依托江阴靖江长江隧道绿色隧道建设研究成果，联合"西部绿色建筑国家重点实验室""高性能土木工程材料国家重点实验室""交通隧道工程教育部重点实验室"及国内著名科研单位、高校学者，组建绿色隧道研发与评估中心，参与引领行业"绿色隧道"重点工程的策划实施、技术研究、评估总结，打造具有鲜明江苏特征和全国普适性"绿色隧道"品牌，支撑交通强国建设。

第二节　绿色隧道技术体系

一、绿色隧道技术框架

"绿色建筑"一词起源于20世纪60年代，保罗·索勒瑞第一次提出"生态建筑"，即"绿色建筑"理念。2001年的《中国生态住宅技术评估手册》描绘了我国绿色建筑体系的雏形。2003年的《绿色奥运建筑评估体系》和2006年的《绿色建筑评价标准》（GB/T 50378—2006）等文件逐渐完善了"绿色建筑"的概念。经过20余年的发展，我国绿色建筑已经从"浅绿"走向"深绿"。特别是2019年，我国对绿色建筑进行全新阐释，在"四节一环保"基础上强调"健康、适用、高效、和谐、高质量、人文"，关注建筑本身的绿色性能和建筑运营的健康性能，强调人们的可感知性。绿色建筑在一定范围内体现了建筑的低碳化，如节能设计要求、绿色设计要求、健康设计理念等。我国绿色建筑

绿色隧道

指标准体系由安全耐久、健康舒适、生活便利、资源节约、环境宜居5类指标组成。2016年，交通运输部发布的《关于实施绿色公路建设的指导意见》（交公路发〔2016〕93号）中进一步探索了绿色公路的内涵，"绿色"理念逐步应用于公路领域，并提出城市隧道建设在缓解城市拥堵的同时必须最大化地保护生态环境。

我国第一条水底城市公路隧道——上海打浦路隧道的建设很大程度上考虑了黄浦江两岸的景观需求。可以这样说，隧道建设的本身即为"绿色"的，隧道的发展史即为绿色隧道的发展史。纵观我国的城市隧道发展历程，大致可以分为4个阶段：起步阶段（2000年及之前）、探索阶段（2001—2005年）、发展阶段（2006—2017年）和绿色发展阶段（2018年至今）。

（1）第一阶段（2000年及之前）：起步阶段，城市隧道处于试验性质的开发建设阶段，初步摸索城市隧道在城市道路中的运用。1997年，建设部发布的《城市地下空间开发利用管理规定》（建设部令第58号）标志着我国地下空间开发开始走向有序化与系统化。

（2）第二阶段（2001—2005年）：探索阶段，探讨城市隧道在解决城市交通问题上的积极意义。2003年11月9日，中国工程院钱七虎院士表示，解决日益严重的中国城市道路交通拥堵问题要有新思路，建议在中国特大城市建设"地下高速公路"。各大城市相继出台了关于城市地下空间开发的规划和政策文件，并指出城市隧道发挥着缓解城市道路拥堵、提升城市环境品质的重要作用。

（3）第三阶段（2006—2017年）：发展阶段，随着城市隧道建设体量的逐渐增加，城市隧道在规划建设、设计标准以及逃生救援等方面取得了系统性成果。2015年行业标准《城市地下道路工程设计规范》（CJJ 221—2015）、2016年江苏省地方标准《城市隧道噪声控制技术规程》（DGJ 32/T J216—2016）、2017年上海市地方标准《道路隧道设计标准》（DG/TJ 08-2033—2017）等一系列规范、标准和指南的出台，标志着这一阶段研究的成熟。

（4）第四阶段（2018年至今）：绿色发展阶段，随着城市隧道理论、规范及标准的不断完善，隧道的节能环保作用获得广泛关注。2018年6月，世界交通运输大会明确了绿色隧道的内涵，标志着城市隧道的发展进入一个新的阶段。江苏省已发布的《江苏省城市隧道建设、运行与维护指南（试行）》和《城市隧道照明设计标准》（DB32/T 3692—2019），以及即将发布的《城市隧道通风设计标准》和《水下隧道健康监测技术规程》等一系列绿色隧道相关的技术标准，是对绿色隧道发展的又一贡献。绿色隧道技术框架的构成主要归纳为"三纵五横"，贯穿绿色隧道的全寿命周期。"三纵"即：绿色隧道的设计、建设、运营三个阶段，"五横"即：结构安全耐久、行车安全舒适、通行疏散便捷、资源节约利用、生态环境保护。

二、绿色隧道技术体系的构成

1. 结构安全耐久

1）结构安全性

隧道的主体结构通常采用盾构法、明挖法、矿山法、沉管法等方法进行施工，盾构法是目前应用较为广泛的方法之一。隧道的结构安全性一直是隧道全寿命周期的重中之重。隧道结构是根据施工方法、结构或构件类型、使用条件及荷载特性等来选用合适的设计计算方法，明挖法、盾构法和沉管法隧道结构按概率极限状态法进行设计，当进行稳定性检算时，应采用综合安全系数法；矿山法隧道衬砌结构按破损阶段法进行设计。隧道的设计荷载分为永久荷载、可变荷载、偶然荷载三种，荷载根据隧道所处的地形、地质条件、埋置深度、结构特征和工作条件、施工方法、相邻隧道间距等因素，结合已有的试验、测试和研究资料，按有关公式计算或按工程类比确定。当在施工中发现其与实际不符时，需要及时修正。隧道的结构设计要控制基坑开挖和隧道施工引起的地面沉降量，并应对由于土体位移可能引起的周围建（构）筑物和地下管线产生的危害进行预测，依据不同建（构）筑物的有关规定或通过计算确定其允许的内力和变形，提出技术措施。地面变形允许值应根据现状评估结果，对照类似工程的实际经验确定。隧道结构的计算模型应根据地层特性、施工阶段、结构构造特点及施工工艺等确定，能够反映实际工作条件以及土体与结构的相互作用；当结构建造及运营过程中受力体系和荷载形式等有较大变化时，要根据构件的施作顺序及受力条件，按结构的实际受力过程及结构体系变化的连续性进行结构分析。

以现阶段应用较为普遍的盾构法施工为例，施工前做好施工调查是隧道施工的第一步，主要包括工程地质、水文环境、地面构筑物、地下障碍物、地下构筑物、地下管线、工程环境等的调查，以确保施工环境绿色安全。当盾构施工进入特殊地段时，应采取施工安全措施，除查明和分析地质状况和隧道周边环境状况外，还需制定专项施工技术措施和应急预案，并根据隧道所处位置与工程地质和水文地质的条件，确定壁后注浆的材料、压力和注浆量，在施工过程中还应根据量测结果及时调整。通过监测并分析地表、建（构）筑物、管线等变形情况，及时调整掘进参数。根据监测对象变形量和变形速率等对施工监测方案进行调整，对突发的变形异常情况应及时启动应急预案。地面和隧道内监测点宜在同一断面布设；盾构通过后，处于同一断面内的监测数据应同步采集，收集同期盾构掘进参数。监测仪器和设备应满足测量精度、抗干扰性和可靠性等要求。施工监测项目应符合表3-1的规定。

施工监测项目   表3-1

类别	监测项目
必测项目	施工区域地表隆沉、沿线建（构）筑物和地下管线变形
	隧道结构变形
选测项目	岩土体深层水平位移和分层竖向位移
	衬砌环内力
	地层与管片的接触应力

隧道的结构稳定离不开定期的结构养护，通过开展相应的检查来为养护工作提供方向。隧道结构检查应分为初始检查、日常检查、定期检查、特殊检查、专项检查和处治后复查（表3-2），检查范围通常包括隧道结构和道床。检查人员携带常规检查和记录工具，配备防护器材和通信器材。盾构法隧道检查项目主要包括管片、管片接缝、变形缝、螺栓孔、注浆孔、道床等；明挖法隧道检查的项目主要包括主体结构、施工缝、变形缝、道床等；矿山法隧道检查主要包括洞口、洞门、衬砌、施工缝、变形缝、道床等；沉管法隧道检查主要包括管节、管节接头、施工缝、道床等。在雨季或冰冻季节，日常检查需要增加检查频次，常规定期检查一般在春季或秋季进行，专项检查范围包括病害所在区段及前后不少于30m范围内的隧道结构。检查方式除使用隧道检测设备外，同时采用锤击、目测等方法进行。检查完毕后填写检查记录表，并对隧道结构健康度进行评定，根据检查结果及评定等级开展养护工作。当隧道结构健康度为3级、4级和5级且存在影响到隧道结构安全和运营安全的病害时，需要对病害分布范围进行特殊监测。隧道结构健康度分级见表3-3。

隧道结构检查周期   表3-2

检查类型		实施周期或时间
初始检查		隧道试运营前或结构更换后的3个月内
日常检查		（1~3）次/季度
定期检查	常规定期检查	（1~2）次/年
	特别定期检查	（1~2）次/10年
特殊检查	控制保护区内施工作业期间	隧道结构出现异常
	极端或突发事件：火灾、地震、洪灾、脱轨、恐怖袭击	事件发生后
专项检查		初始、日常、定期和特殊检查的结果中存在4级或5级隧道结构时
处治后复查		处治后不少于（1~3）次/月，病害不再发展时停止处治后复查

隧道结构健康度分级   表3-3

健康度	评定因素			
	病害程度	病害发展趋势	病害对运营安全的影响	病害对结构安全的影响
1级	无	无	无	无
2级	轻微	趋于稳定	目前尚无影响	目前尚无影响
3级	中等	较慢	将来影响运营安全	将来影响隧道机构安全
4级	较严重	较快	已经影响运营安全	已经影响隧道结构安全
5级	严重	迅速	严重影响运营安全	严重影响隧道结构安全

2）结构耐久性

一般来说，混凝土结构耐久性破坏都是从混凝土或者钢筋的材料劣化开始，而环境因素与材料本身都会引起材料的劣化。隧道修建于地质条件复杂多变的地下空间，隧道衬砌混凝土接触的环境非常特殊，它既要受内部大气环境的影响，又受隧道外部地层所含侵蚀性离子的侵蚀。在这样的严酷环境下，各种有害因素的综合作用，容易造成隧道结构材质劣化，使得隧道的使用功能和使用寿命的大大衰减，给隧道结构安全带来很大的隐患。基于结构所处环境的复杂，影响隧道混凝土结构的耐久性的环境因素主要包括：酸性生气体引起的混凝土的中性化；水文环境的作用；温度环境的影响；塑性收缩引起的混凝土劣化；对原材料选取、控制不严；隧道防水与通风措施差、养护缺失等。隧道工程的耐久性问题，既受到外界环境的影响，又由混凝土本身的特点决定，因此，影响混凝土耐久性的因素是多方面的，其中涉及材料、配合比设计、施工工艺和养护维修。混凝土耐久性问题是隧道耐久性问题的一部分，还有隧道路面结构道、防水管道、电缆设备管道等多方面的耐久性问题，这些也是需要重视的方面。

在隧道设计阶段，混凝土结构的埋置深度及与相邻隧道的净距应符合相关规定，当无法满足时，需要结合隧道所处的工程地质、水文地质和环境条件进行分析，采取相应的措施。大体积浇筑的混凝土应避免采用高水化热水泥，掺入高效减水剂、优质粉煤灰或磨细矿渣等，同时应严格控制水泥用量，限制水胶比和控制混凝土入模温度，必要时应进行专题研究。注浆材料采用对地下环境无污染及后期收缩小的材料。此外，还应重视地下水在环境作用下的不利影响，保证混凝土结构具备相应的抗渗透性能和抗腐蚀性能，防水层材料应具备抗老化性能。隧道结构混凝土保护层厚度应根据结构类别、环境条件和耐久性要求等确定，一般环境作用下混凝土结构构件钢筋净保护层最小厚度应符合相关规定。当道路隧道结构处于海洋或近海地区等复杂环境时，隧道混凝土强度等级要求很高，大体积隧道结构混凝土浇筑会出现温度裂缝控制困难、浇筑施工工艺要求高等问题，并进行耐久性专题研究，确定合理的混凝土耐久性设计方案。此外，隧道内支架、托架等结构采用预埋件的方式连接，支架、托架等金属构件应考虑防腐耐久措施。在养护方面，隧道结构和道床应每年进行一次清洁保养，清除附着在隧道内壁和设备设施上的粉尘和杂物。当隧道结构出现轻微渗漏时，宜封堵，并应符合现行行业标准《地下工程渗漏治理技术规程》（JGJ/T 212）的规定。当混凝土出现局部的酥松、起鼓、剥离、掉块、露筋时，应进行修补。当变形缝、螺栓孔和注浆孔填塞物出现脱落时，应根据原设计方案修复。沉管法隧道运营期间应清理隧道顶板上覆盖的淤积物。当隧道结构健康度达到4级及以上时，宜进行维修专项论证，并明确维修方案的可行性和适用性。

2. 行车安全舒适

1）热湿环境

随着我国高速公路建设的快速发展，山区隧道开挖越来越多，而近些年深埋长大隧道所占的比例也越来越高，随之而引起的高温高湿已成为深埋长大隧道开挖的主要问题之一，不仅影响施工的进度，而且使得作业环境恶化，危害施工人员的健康与安全。对隧道内热环境进行控制的前提是对隧道中风流的温湿度进行预测。截至2022年初，国内外的专家学者对隧道施工中围岩散热、水分蒸发与凝结、风流温湿度的预测计算进行了一定的研究，并建立了相关的温度预测模型。然而对整个施工隧道内通风风流湿度的预测仍缺少进一步的分析与验证。

人在湿热环境下劳动或生活，汗液蒸发极为困难，故虽大量出汗，却因汗珠覆盖体表或黏附在衣服上而起不到有效蒸发散热的作用，往往使人感到闷热难受且生理上热代谢紧张。隧道内的湿度主要来自地下水并通过衬砌的渗漏、衬砌外湿空气对工程内部的渗透和敞开水面的散湿等途径实现。另外，运营车辆也是湿度的主要来源之一，如客车上清洁用水、进入隧道车上乘客及作业人员散湿。运营期间，隧道内湿气主要来自水沟表面水的自然蒸发、车内乘客及作业人员散湿。研究发现，在正常运营时，隧道内散湿量可通过自然风和活塞风排出，不会引起隧道内湿度的积累，洞内湿度基本与洞外湿度一致。目前《铁路隧道工程施工安全技术规程》（TB 10304—2020）规定运营隧道内气温不得超过28℃，但对湿度未作规定。实际上，隧道内的湿热环境常用4个指标来表征：温度、湿度、风速和平均辐射温度，各种不同指标的组合形成不同的洞内湿热环境。对人体来说，洞内热环境标准可分为3种情况：舒适、可以忍受、不能忍受。对于长隧道设计，用舒适作为标准是不经济的，宜采用可以忍受作为标准。对于隧道的热环境，目前国内外尚无明确的评价办法，丹麦学者范格尔（P.O.Fanger）提出的"预计热指标PMV法"对地下商场的热环境进行评价是迄今为止考虑人体热舒适感诸多有关因素中最全面的评价指标，包括6个参数：温度、湿度、气流速度、热辐射温度、人的劳动强度、衣着。

加强隧道施工和维修养护的机械化和自动化程度，减少进洞人员数量，按最低限度规定适当的定员，减少作业人员接触高湿环境的时间，并实施劳逸调节与个体防护，是降低隧道湿热环境对人增加负面影响的主要方法。此外，还有对进洞人员配备防暑药物、降温饮料和冷却服，采取积极措施来改善隧道内环境，创造良好的气候条件等方法。

2）通风与防排烟系统

隧道建设与运营管理的整体规划中均有通风规划。隧道路线平面和纵断面设计、隧道断面形式和结构物设置、隧道土建工程的分期建设、隧道运营安全与防灾减灾等设计中，都要充分考虑通风方案。通风方案结合隧道主体工程的实施，可按以下内容和步骤进行通风规划：

（1）隧道选址一般宜服从路线走向，并充分考虑地形、地物和地质情况等因素；但对于需要设置通风井分段通风的特长隧道，其通风井位、通风方案及规模等通风规划内容应为公路路线选定的主要因素。

（2）在确定路线方案之后、实施详细通风规划之前，应收集通风设计所需资料，如隧道所在路段的交通、所在区域的气象和环境、隧道地形地物地质等相关技术资料，以及隧道所在地方的法律法规等。

（3）根据所收集的资料，初步估算隧道需风量和初步判断通风方案。对于确需设置竖井机械通风的隧道，则需进一步考虑通风井位的设置、对周边环境的影响、运营防灾等因素，判断隧道具体通风方式，并进行经济、技术、施工、维护管理等综合分析；当根据该路线方案所选择的通风方案在经济、技术、施工、维护管理等方面存在重大缺陷时，则应重新论证路线方案、隧道长度、纵坡和平面线形等。

（4）在确定了路线和隧道总体方案后，根据相关公式和参数计算隧道需要量，并确定设计风量和通风方案。

（5）根据设计风量和通风方案详细计算通风系统压力，应特别注意合理计算自然通风力和交通通风力，根据计算结果配置隧道风机，并设计相关风道和风机房，同时还需考虑风机的控制方式、运营参数检测等因素。

（6）在完成上述工作，确定风机压力、风量、效率及型号等参数后，即可进行风机设计。

（7）在完成通风设施配置设计之后、通风设备安装之前，应复核通风系统是否满足隧道可能的运营情况，以及能否与其他机电设备，如隧道运营监控系统等联合运行。

通风设计应对隧道所在区域的交通、气象、环境及地形、地物、地质等进行调查，充分重视运营防灾的需求，并做好与其他关联机电系统的统筹规划。对于改建隧道和通风系统分期实施的隧道，应按照当前交通量和交通组成，对当初设计的通风系统进行再评估。服务隧道的通风系统应与主隧道机电设备联动，并采用正压通风方式，防止主隧道火灾烟雾侵入。单向交通隧道的设计风速不宜大于10m/s，特殊情况可取12m/s；双向交通隧道的设计风速不应大于8m/s；人车混合通行的隧道设计风速不应大于7m/s。隧道通风设计标准还应满足隧道内行车安全、卫生、舒适的要求，行车安全标准以稀释洞内交通流排放的烟雾为主，必要时可考虑洞内交通流带来的粉尘污染。卫生标准应以稀释洞内交通流排放的一氧化碳（CO）为主，必要时可考虑稀释二氧化氮（NO_2）。舒适标准应以稀释洞内交通流带来的异味为主。

3）光环境

隧道照明设计应满足路面平均亮度、路面亮度总均匀度、路面中线亮度纵向均匀度、闪烁和诱导性要求。各级隧道照明设置条件应符合下列要求：

（1）长度$L>200m$的高速公路隧道、一级公路隧道应设置照明。

（2）长度$100m<L≤200m$的高速公路光学长隧道、一级公路光学长隧道应设置照明。

（3）长度$L>1000m$的二级公路隧道应设置照明，长度$500m<L≤1000m$的二级公路隧道宜设置照明，三级、四级公路隧道应根据实际情况确定。

（4）有人行需求的隧道应根据隧道长度和环境条件设置满足行人通行需求的照明设施。

（5）不设置照明的隧道应设置视线诱导设施。

隧道照明设计应充分收集和了解隧道土建工程及交通工程设计相关资料进行统筹设计，并应遵循下列原则：

（1）应调查洞口朝向及洞外环境。

（2）应初步判定或现场测定洞外亮度，必要时可制订洞外减光方案。

（3）应根据交通量变化分别确定各分期设计年限入口段、过渡段、中间段和出口段的亮度指标。

（4）应选择节能光源与高效灯具，结合隧道断面形式和灯具类型等因素确定灯具安装方式和位置。

（5）应根据路面材料与灯具光强分布表计算各段灯具布置间距、路面均匀度等。

洞口土建完工后宜对洞外亮度进行现场实测，核验隧道照明设计小时交通量，与隧道所在路段项目可行性研究报告提出的设计年份平均日交通量进行换算，并符合以下要求：

（1）设计小时交通量系数采用项目可行性研究报告提供的数据，项目可行性研究报告没有明确提出该数据时，山岭重丘区隧道可取12%，平原微丘区隧道可取10%，城镇附近的隧道可取9%。

（2）单向交通隧道方向分布系数采用项目可行性研究报告提供的数据，项目可行性研究报告没有明确提出该数据时，方向分布系数可取55%。

（3）单向交通隧道照明可划分为入口段照明、过渡段照明、中间段照明、出口段照明、洞外引道照明以及洞口接近段减光设施。双向交通隧道照明可划分为入口段照明、过渡段照明、中间段照明、洞外引道照明以及洞口接近段减光设施。

（4）隧道入口段、过渡段、出口段照明应由基本照明和加强照明组成，基本照明应与中间段照明一致。隧道两侧墙面2m高范围内的平均亮度不宜低于路面平均亮度的60%。

照明灯具的布置宜采用中线形式、中线侧偏形式，也可采用两侧交错和两侧对称等形式。入口段和出口段的加强照明灯具宜自隧道洞口顶部以内10m处开始布设。隧道照明灯具性能满足下列要求：

（1）防护等级不低于IP65。

（2）具有适合公路隧道特点的防眩装置。

（3）光源和附件便于更换。

（4）灯具零部件具有良好的防腐性能。

（5）灯具安装角度易于调整。

（6）气体放电灯的灯具效率不应低于70%，功率因数不应小于0.85。

（7）LED隧道灯具的功率因数不应小于0.95。

4）声环境

养护工人在隧道内进行养护作业时，隧道内持续的交通噪声及设备运转噪声会对操作者的情绪造成负面影响，大大降低工作效率，对工人的身体健康造成危害。重庆公路执法支队交通事故统计数据显示，隧道内事故率、死亡率、受伤率都高于公路一般路段，约占路段交通事故总数量的15%。根据对浙江10条公路599起交通事故的分析，追尾事故为隧道交通事故的主要形态，占整个事故构成的65.89%，其次是撞壁和翻车事故，分别占所有事故构成的17.89%和12.71%。其中小汽车和货车为发生交通事故的主要车型，分别占所有车型的54.78%和31.56%。在发生火灾或其他交通事故后，救援人员必须将疏导信息准确迅速地传递给驾乘者，救援人员之间的语音信息也需要准确清晰地相互传达，如果隧道的声环境不佳，将产生严重的混响及语音传输干扰等问题。在隧道火灾等紧急情况下，有线广播系统或者救援人员将无法将精确的疏导信息传递给被困人员，从而产生受困者对逃生信息的误解，延误逃生时机及延缓救援进度，造成本可避免的人员伤亡和财产损失。已有统计表明，相当比例的隧道火灾死伤者，其死伤后果并非火灾直接导致，而是由于疏散不及时或者疏散路径不正确，因缺氧和或者吸入过多浓烟中毒造成的。

在公路隧道噪声污染方面，国内学者开展了广泛的调查研究，并指出隧道内噪声污染大大超出相应规范要求，应该积极采取降噪措施，以提高安全性及舒适性。在隧道噪声的基础调查方面，已有学者做了大量的工作。隧道的噪声等级现场测试结果表明，在隧道内行驶的车辆所产生的噪声是公路隧道内的主要噪声源，风机产生的噪声是次要的，由于夜间交通流小，昼间交通流量大，故昼间连续等效声压级明显高于夜间。昼间连续等效声压级达到89.5dB（A），夜间连续等效声压级达到85.2dB（A），远超出《城市区域环境噪声标准》中"道路交通干线两侧区域环境噪声标准值为昼间70dB（A），夜间55dB（A）"的规定。隧道声学环境对驾驶行为也有一定的影响，研究显示隧道内驾驶者的心率、瞳孔大小、呼吸率等指标与在隧道外有显著差异，表明隧道的照明、声学环境对驾驶者均有负面的影响。

5）给排水与消防系统

隧道内给水系统宜在隧道管理用房地块内设置加水栓，供隧道冲洗车加水使用；条件许可时，隧道冲洗水应优先采用再生水。隧道内废水主要为消防废水、冲洗废水、结构渗入水等，废水通过线路纵向排水沟和最低点设置的横截沟，汇至废水泵房的集水池。废水泵房及其集水池应满足水泵的安装、检修、运行要求，设置备用泵。隧道的雨水泵房主要收集并排除敞开段的雨水，泵房宜靠近洞口设置，接地点处必须设置驼峰、横截沟或其他有效设施，防止地面雨水进入隧道。隧道施工防排水设施应与运营防排水工程相结合，按设计做好防水混凝土、防水隔离层、施工缝、变形缝、诱导缝防水，盲沟、排水管（沟）排水应通畅。隧道防排水不得污染环境，隧道洞口及辅助坑道洞（井）口应及时做好排水系统，完善防排水措施。对于覆盖层较薄和渗透性强的地层，地表水应及早处理。洞内顺坡排水沟断面应满足排除隧道中渗漏水和施工废水的需要，并经常清理排水设施，防止淤塞，确保水路畅通。在膨胀岩、土质地层、围岩松软地段，排水沟中不得有积水，宜根据需要对排水沟进行铺砌或用管槽代替。集水坑设置的位置不得影响井内运输和安全。

消防水源和消防水池要结合隧道实际运行情况设计。如当地供水、消防部门许可，且从两路不同市政给水管上引两路供水管，水量满足隧道内、外消防给水设计流量，消防水源一般从市政给水管网直接供水，不设消防水池，并在消防引入管的起端设置倒流防止器。当生产、生活用水量达到最大，市政给水管网不能满足隧道内、外消防给水设计流量时，或只有一路消防供水时，应设置消防水池。当市政给水管网能保证隧道外消防用水量时，消防水池的有效容积需要满足在火灾延续时间内隧道内同时开启所有消防灭火设施的用水量之和；当市政给水管网不能保证隧道外消防用水量时，消防水池的有效容积需满足在火灾延续时间内隧道内同时开启所有消防灭火设施的用水量与隧道外消防用水量不足部分之和的要求。

消火栓泵可由消火栓系统压力开关启动、中控室遥控启动或泵房内手动启动，其工作状态应在中控室中显示。水喷雾系统设有水雾喷头、雨淋阀组、放气阀、过滤器、供水管道、供水设施等，每组水喷雾系统应与火灾报警系统一一对应，水喷雾系统用于防护冷却时，响应时间不应大于300s。泡沫-水喷雾联用灭火系统设有泡沫-喷雾两用喷头、雨淋阀组、比例混合器、电磁阀、放气阀、过滤器、供水管道、供水设施以及泡沫液管道、供泡沫液设施等，泡沫-水喷雾联用灭火系统用于灭火时，响应时间不大于45s。泡沫消火栓系统消火栓箱的间距不超过50m，泡沫消火栓箱内有软管卷盘、泡沫原液容器罐、比例混合器、泡沫喷枪、报警按钮、导向架及管路组件等。隧道内一般设置A、B、C类灭火器。管理中心、设备用房等应按照建筑规模，根据现行《建筑设计防火规范》（GB 50016）的要求配置合适的消防系统；如水量、水压符合要求，管理中心、设备用房等可与隧道共用一套消防系统；设置于地下的弱电机房、应急电源室、开关站等宜采用气体灭火或高压细水雾灭火系统保护。通行机动车的一、二、三类隧道需要设置排烟设施，隧道内机械排烟系统的设置应符合下列规定：

（1）长度大于3000m的隧道，采用纵向分段排烟方式或重点排烟方式。

（2）长度不大于3000m的单洞单向交通隧道，采用纵向排烟方式。

（3）单洞双向交通隧道，采用重点排烟方式。

机械排烟系统与隧道的通风系统宜分开设置。合用时，合用的通风系统应具备在火灾时快速转换的功能，并应符合机械排烟系统的要求。隧道内设置的机械排烟系统应符合下列规定：

（1）采用全横向和半横向通风方式时，可通过排风管道排烟。

（2）采用纵向排烟方式时，应能迅速组织气流、有效排烟，其排烟风速应根据隧道内的最不利火灾规模确定，且纵向气流的速度不应小于2m/s，并应大于临界风速。

（3）排烟风机和烟气流经的风阀、消声器、软接等辅助设备，应能承受设计的隧道火灾烟气排放温度，并应能在250℃下连续正常运行不小于1.0h。排烟管道的耐火极限不应低于1.0h。

隧道用电缆通道和主要设备用房内应设置火灾自动报警系统。对于可能产生屏蔽的隧道，应设置无线通信等保证灭火时通信联络畅通的设施。封闭段长度超过1000m的隧道宜设置消防控制室，消防控制室的建筑防火要求应符合相关规定。隧道的避难设施内应设置独立的机械加压送风系统，其送风的余压值应为30~50Pa。隧道内用于火灾排烟的射流风机，应至少备用一组。隧道入口外100~150m处，应设置隧道内发生火灾时能提示车辆禁入隧道的警报信号装置。一、二类隧道应设置火灾自动报警系统，通行机动车的三类隧道宜设置火灾自动报警系统。火灾自动报警系统的设置应符合下列规定：

（1）应设置火灾自动探测装置。

（2）隧道出入口和隧道内每隔100~150m，应设置报警电话和报警按钮。

（3）应设置火灾应急广播或应每隔100~150m设置发光警报装置。

6）电力系统

供配电系统设计应遵循安全可靠、经济合理、技术先进、维护方便的原则，并应符合国家节能和环保要求。根据隧道工程分级及设施配置、隧道内各类设备用途和重要性，电气负荷分级见表3-4。

电气负荷分级　　　　　　　　　　表3-4

序号	类别	说明
1	一级负荷	消防泵、通风风机、排烟风机、基本车道照明、应急照明、雨水泵、综合监控系统等设备，其中应急照明和综合监控系统为一级负荷中的特别重要负荷
2	二级负荷	隧道设备机房的通风、照明、电梯等负荷；中距离及以上长度的隧道出入口的加强照明宜按二级负荷考虑
3	三级负荷	隧道检修用电及其他不属于一、二级的用电负荷

隧道供电电源及配电方式应符合下列要求：

（1）隧道可以根据长度设置10/0.4kV变电所，变电所较多时应设置隧道10kV配电中心（总变电所）；由供电部门提供两路互相独立的10kV双重电源供电，每路电源应能保证所在区域100%用电设备的用电。

（2）一级负荷应采用两路独立电源供电、末端自动切换的供电方式；特别重要负荷另配EPS（Emergency Power Supply，应急电源）或UPS（Uninterrupted Power Supply，不间断电源）；消防负荷采用两路供电电源末端切换。

（3）二级负荷应采用两路电源供电，末端自动切换或各带50%供电负荷。

（4）三级负荷宜采用单路电源供电。

变电所配置的变压器容量和台数应符合下列规定：

（1）隧道变电所应采用两台变压器。

（2）两台变压器的工作方式为两常用；当一台变压器发生故障时，另一台变压器应能满足所有一、二级负荷运行及所有消防负荷正常运行。

供配电系统接线方式应符合下列规定：

（1）110kV配电中心10kV侧宜采用单母线分段不带母联的接线方式，其余变电所10kV侧宜采用电源变压器组的接线方式。

（2）0.4kV低压侧宜采用单母线分段带母联的接线方式。

变电所设计应符合下列规定：

（1）隧道10/0.4kV变电所宜设置于地面上；当变电所与隧道合建时，变电所室内最低地坪高程应高于隧道最高地坪高程150mm及以上。

（2）210/0.4kV变电所供电半径不宜超过800m。

（3）当变电所与管理中心或泵房合建时，应做好防水、防电磁干扰等措施。

无功补偿设计应符合下列规定：

（1）宜采用集中补偿结合就地补偿的方式。

（2）0.4kV开关柜应设置集中补偿装置，以补偿变压器的基本无功及变电所附近用电设备的无功需求。

（3）距离变电所较远的用电设备应设置就地补偿，补偿后的功率因数在10kV侧不应低于0.92。

设备启动方式应符合下列规定：

（1）单台功率大于37kW的消防设备宜采用星三角启动，非消防设备宜采用软启动，其余电机宜采用直接启动。

（2）需频繁启动的电机启动时母线压降应控制在10%以内，无须频繁启动的电机启动时母线压降应控制在15%以内。

用电计量及测量应符合下列规定：

（1）隧道变电所应采用高供高计。

（2）动力和照明用电应统一计量，计量表应安装在专用的计量屏内。

电缆敷设应符合下列规定：

（1）消防动力干线电缆应采用柔性矿物防火电缆沿电缆桥架或电缆沟敷设。

（2）非消防干线动力电缆应采用低烟无卤阻燃铜芯（或新型铝合金）电缆沿电缆桥

架敷设，局部可穿钢管保护。

（3）支线电缆应采用低烟无卤阻燃耐火电缆穿钢管敷设，局部可穿金属软管保护。

（4）电缆桥架应采用T形镀锌钢桥架在装饰板后安装。

（5）电缆敷设在保护管内时，保护管内径不应小于电缆外径的1.5倍，保护管的弯曲半径不应小于所穿电缆的最小允许弯曲半径。

防雷与接地设计应符合下列规定：

（1）隧道为地下建筑，可不考虑防直击雷措施，但应考虑雷电电磁脉冲所引起的过电压。

（2）10kV进线、母排及出线回路应装设避雷器，防止雷电和操作过电压。

（3）0.4kV进线处均应安装电涌保护器，以减小雷电波的侵入危害。

（4）电气系统应采用TN-S制保护系统，变电所接地电阻不应大于1Ω；所有用电设备金属外壳、金属构件等均应与接地装置可靠连接，并形成电气通路。

3. 通行疏散便捷

1）行车便捷

高速公路、一级公路的隧道应在两侧设置检修道，其宽度应大于或等于0.75m。二、三级公路的隧道宜在两侧设人行道（兼检修道），其宽度应大于或等于0.75m。四级公路可不设人行道，但应保留0.25m的宽度。特长、长隧道内右侧侧向宽度小于2.50m时，应设置紧急停车带。紧急停车带宽度应为3.50m，长度不应小于30m，间距不宜大于750m。单车道四级公路的隧道应按双车道四级公路标准修建。隧道设计还应拟定发生交通或火灾事故的应急处理预案。

隧道及其洞口两端路线的平、纵、横技术指标应符合以下规定：

（1）隧道洞口内侧不小于3s设计速度行程长度，且与洞口外侧不小于3s设计速度行程长度范围内的平、纵线形一致。

（2）洞口外与之相连接的路段设置距洞口不小于3s设计速度行程长度，且不小于50m的过渡段，以保持横断面过渡的顺适。

（3）隧道内的纵坡小于3%，但短于100m的隧道不受此限制。

（4）高速公路、一级公路的中、短隧道，当条件受限制时，经技术经济论证后最大纵坡可适当加大，但不宜大于4%。

隧道应根据所处地质条件等，确定结构形式和适应于地层特性的施工方法。隧道防水和排水应按照排、防、截、堵相结合的原则进行综合设计，使洞内、洞口与洞外构成完整的防水、排水系统，并应注意防止水土流失和保护自然环境。隧道内纵坡应大于0.3%。

隧道交通工程及沿线设施的配置应符合以下规定：

（1）隧道交通工程及沿线设施的技术标准与建设规模应根据公路功能、等级、交通量、隧道长度等确定，并应符合交通工程及沿线设施总体设计的要求。

（2）公路隧道应采用反光标志、反光标线。高速公路、一级公路隧道洞口两端的标志、标线、视线诱导标及护栏与洞口的连接过渡等应进行专门设计。

（3）特长隧道和高速公路、一级公路的长隧道，应设置监控设施。

（4）隧道通风设施应根据交通组成和交通量增长情况等，按统筹规划、总体设计、分期实施的原则设置。

（5）高速公路、一级公路的隧道，其长度大于100m时应设置照明设施。二、三、四级公路的隧道，其照明设施可根据具体情况设置。

（6）特长隧道和高速公路、一级公路的长隧道，其重要电力负荷必须保证供电可靠，技术、经济合理。

（7）特长隧道和高速公路、一级公路的长隧道，必须配置报警设施、警报设施、消防设施、救助设施等。二、三级公路的长隧道，可根据需要设置报警设施、警报设施、消防设施、救助设施等。

2）疏散救援便捷

国内外发生的隧道火灾事故均表明，隧道特殊的火灾环境对人员逃生和灭火救援是一个严峻的挑战，而且火灾在短时间内就能对隧道设施造成很大的破坏。由于隧道设置逃生出口困难，救援条件恶劣，要求对隧道采取与地面建筑不同的防火措施。隧道的防火设计应综合考虑隧道内的交通组成、隧道的用途、自然条件、长度等因素。除嵌缝材料外，隧道的内部装修应采用不燃材料。隧道防灾疏散救援工程要综合考虑线路技术标准、工程分布、工程特征环境条件、运营管理模式等因素进行总体方案设计。隧道防灾疏散应以洞外疏散为主，疏散路径和设施应结合隧道线路运输性质、环境条件、辅助坑道条件等设置，并制定相应的疏散预案。

通行机动车的双孔隧道，其车行横通道或车行疏散通道的设置应符合下列规定：

（1）水底隧道宜设置车行横通道或车行疏散通道。车行横通道的间隔和隧道通向车行疏散通道入口的间隔宜为1000~1500m。

（2）非水底隧道应设置车行横通道或车行疏散通道。车行横通道的间隔和隧道通向车行疏散通道入口的间隔不宜大于1000m。

（3）车行横通道应沿垂直隧道长度方向布置，并应通向相邻隧道；车行疏散通道应沿隧道长度方向布置在双孔中间，并应直通隧道外。

（4）车行横通道和车行疏散通道的净宽度不应小于4.0m，净高度不应小于4.5m。

（5）隧道与车行横通道或车行疏散通道的连通处，应采取防火分隔措施。

双孔隧道应设置人行横通道或人行疏散通道，并应符合下列规定：

（1）人行横通道的间隔和隧道通向人行疏散通道入口的间隔，宜为250～300m。

（2）人行疏散横通道应沿垂直双孔隧道长度方向布置，并应通向相邻隧道。人行疏散通道应沿隧道长度方向布置在双孔中间，并应直通隧道外。

（3）人行横通道可利用车行横通道。

（4）人行横通道或人行疏散通道的净宽度不应小于1.2m，净高度不应小于2.1m。

（5）隧道与人行横通道或人行疏散通道的连通处，应采取防火分隔措施，门应采用乙级防火门。

单孔隧道宜设置直通室外的人员疏散出口或独立避难所等避难设施。隧道内的变电站、管廊、专用疏散通道、通风机房及其他辅助用房等，应采取耐火极限不低于2.0h的防火隔墙和乙级防火门等分隔措施与车行隧道分隔。隧道内地下设备用房的每个防火分区的最大允许建筑面积不应大于1500m²，每个防火分区的安全出口数量不应少于2个，与车道或其他防火分区相通的出口可作为第二安全出口，但必须至少设置1个直通室外的安全出口；建筑面积不大于500m²且无人值守的设备用房可设置1个直通室外的安全出口。在进行城市交通的规划和设计时，应同时设计消防给水系统。四类隧道和行人或通行非机动车辆的三类隧道，可不设置消防给水系统。

4. 资源节约利用

1）节地

公路的建设会占用大量的土地，而我国公路建设事业正处于旺盛时期，如何在设计和施工过程中实现对土地资源的集约节约利用，提高土地利用效率，对于解决我国耕地面积不断减少的突出问题、实现社会和经济可持续发展有着重要意义。"以隧代路"是解决公路建设占用土地资源的主要方式之一，但随着隧道的修建将不得不面临来自地面交通及环境影响的压力。在隧道的施工方法中，盾构法由于具有众多优点，更能适应我国当前社会发展状况和经济发展需求，逐渐成为城市环境下交通隧道的主流施工方法。然而，随着国内大量盾构工程的实施，大中城市的盾构渣土消纳处置问题愈发突出，盾构渣土的合理处置和资源化利用是目前迫切需要解决的问题和发展方向。盾构掘进过程中，为使渣土有更好的流塑性，达到土压力平衡目的，通常向盾构机土仓内添加水、膨润土、发泡剂、高分子聚合物等添加剂，使得盾构渣土的堆放、运输对水质、土壤、环境、交通等造成了不同的恶劣影响。截至2022年初，盾构渣土废浆的处理方法还存在诸多问题，包括运输过程无污染要求、大面积场地需求、控制泡沫剂对环境造成污染、固结后难以分离等。这些问题导致了很多地方宁可把渣土永久堆积也不愿对堆积的渣土做后续处理，进而对国土、环境资源的造成直接伤害或浪费。截至2022年初，针对盾构渣土绿色排放及资源化回收利用的研究较少、渣土资源化利用应用案例较为匮乏，亟须关于盾构渣土的绿色环保处理技术研究与应用。

2）节能

隧道耗电量巨大，隧道照明系统约占总电能消耗的80%，其电费支出成为运营单位的主要经营支出之一，给运营单位带来了比较大的经济压力。因此，隧道节能的重点在于隧道照明系统的节能。隧道照明设计应合理选择设计参数，通过多方案的经济技术分析论证确定合理、节能的照明方案。公路隧道照明设计应根据交通量变化、洞外亮度变化、季节更替等多种工况制订调光及运营管理方案。宜选择发光效率高的光源，光源的使用寿命不应小于10000h。以稀释烟尘作为隧道通风控制工况的隧道，宜选择透雾性能较好的光源；不以稀释烟尘作为隧道通风控制工况的隧道，基本照明宜选择显色性好的光源。紧急停车带、横通道，可选用显色性较好的光源。隧道照明采用中线或中线侧偏布置形式时，基本照明宜选用逆光型灯具。隧道照明采用两侧交错或两侧对称布置形式时，宜选用宽光带对称型照明灯具。

接近段可采用下列减光措施：

（1）可采用削竹式洞门形式并进行坡面绿化。

（2）洞口采用端墙形式时，墙面可采用暗色调，其装饰材料的反射率应小于0.17。

（3）经硬化处理的隧道洞口边仰坡可进行暗化处理。

（4）洞口外至少一个照明停车视距长度的路面可采用黑色路面。

隧道白昼、夜间照明调光设计应满足下列要求：

（1）加强照明应根据洞外亮度和交通量变化进行入口段、过渡段和出口段的调光方案设计。

（2）夜间应关闭隧道入口段、过渡段和出口段的加强照明灯具。

（3）长度$L \leqslant 500$m且设有自发光诱导设施和定向反光轮廓标的高速公路和一级公路隧道，夜间可关闭全部灯具。

（4）长度$L \leqslant 1000$m且设有定向反光轮廓标的二级公路隧道，夜间可关闭全部灯具。

（5）公路设有照明时，其路段上的隧道夜间照明亮度应与道路亮度水平一致，公路未设置照明时，高速公路和一级公路隧道夜间照明亮度可取$1.0 cd/m^2$。二级公路隧道夜间照明亮度可取0.5cd/m²。

（6）单向交通隧道夜间交通量不大于350veh/（h·ln）、双向交通隧道夜间交通量不大于180veh/（h·ln）时可只开启应急照明灯具。路面两侧2m高范围内墙面宜铺设反射率高的材料。

3）节水

隧道对于水资源的利用主要在建设期间，施工作业需消耗大量的水资源。在运营期，可以采用雨水作为消防用水来达到节水的目的，同时对于隧道内污水进行处理再利用。在水管架设上也可以节水，在水池总输出管上必须设总闸阀，主管上每隔300~500m应分装闸阀。水管安装前进行检查，有裂纹、创伤、凹陷等现象时不得使用，管内不得保留有残余物和其他脏物，并通过节流和质量管控减少因管路问题导致的水源浪费，达到节水的目的。总之，关于隧道节水的研究尚比较缺乏，需要进行技术研究。

4）节材

TBM（Tunnel Boring Machine，全断面硬岩隧道掘进机）隧道施工的材料直接构成隧道结构实体，是工程施工成本的主要组成部分，施工材料的成本控制直接影响着整个项目的投资成本和经济效益。通常情况下，对TBM隧道工程的施工材料费用实行量价分别控制。隧道施工节材的主要方式有：

（1）机械费用控制：根据隧道工程项目的实际需要，科学、合理地选配机械设备，充分发挥相应机械的功能作用，加强现场机械设备的合理操作、维修、保养，以尽量提高现场机械设备的利用率和完好率，降低大修和经常性故障维修等各项费用开支。

（2）加强施工质量控制与现场安全管理：在TBM隧道施工过程中，应严格按照相应的施工技术规范和安全操作要求进行，最大限度地减少施工质量和安全事故的发生，使工程返工或人员伤亡损失降至最低。同时，还要加强预控管理，防止出现施工合同外用工现象。

（3）采用先进的施工技术和合理的施工方案。在TBM隧道施工过程中，根据以往的施工实践经验加上技术和经济比较，针对项目施工的具体情况，编制符合项目实际施工条件且技术先进、经济可行的施工方案，既能有效缩短工期，也能降低工程项目的施工成本。从施工技术角度，严格控制隧道超挖是降低成本的必要措施，技术管理人员应加强对施工班组的技术指导，有效提高其现场施工技术水平，最大限度减少超挖现象，以有效避免材料超耗现象，降低工程施工成本；在施工现场管理方面，应做好工程施工的动态管理，对各施工班组或工序在施工过程中，应做到全程实时监控，限额配料、配人。

5. 生态环境保护

1）大气污染防治

隧道施工中的空气污染，其产生的原因是多种多样的，施工技术的改变都可能加大或减小隧道施工中的空气污染程度，这就需要我们对这一问题予以高度重视，开展相关研究工作，有针对性地进行综合防治，而不能只依靠某一种方法（如施工通风）。根据我国目前铁路隧道施工的水平，隧道内的空气污染主要是由以下原因引起的：

（1）（地层中）天然存在的有害气体，如瓦斯、放射性元素等。

（2）施工过程中人为的污染来源、有害气体；爆破用炸药产生的有害气体，其性质和数量与所用炸药种类、一次用药量、炮眼堵塞材料、起爆方式以及岩质等有关。

（3）内燃设备进洞后也会产生有害气体，其性质和数量与柴油车本身结构，所用柴油的种类，是否有净化装置，驾驶人操作熟练程度、机械维护状况等有关。

（4）粉尘，粉尘污染空气和对人体的危害是众所周知的，实际上，粉尘不仅对人体有危害，而且通过喷雾洒水后所形成的潮湿底板，会使内燃设备的轮胎打滑，降低轮胎使用寿命，降低机械效率。隧道施工中产生粉尘的主要原因有钻眼、爆破、喷射混凝土、装渣、运输等。

非低污染柴油机、无净化装置的柴油机等设备的使用严重影响隧道施工人员的身体健康。选择电力驱动设备、研发隧道内新型空气净化系统是未来的发展方向之一。同时，认真培训驾驶人，提高其操作水平，要求驾驶人能严格控制好转速，减少或避免急速及超负荷运转，可以有效减少有害气体排放量、浓度和充分发挥机外净化装置的作用。粉尘的防治防尘工作也要综合治理。首先，是在产尘地点抑制粉尘，即限制产尘源和利用各种除尘设备机械除尘、洗涤除尘、过滤除尘、静电除尘降尘、吸尘。其次，要减少在粉尘区工作的人数，如利用机械手进行作业。再次，可提供个人防尘用品。

2）噪声污染防治

隧道内应采取措施减小噪声，鼓励隧道路面、内饰面材料采用消声降噪材料。洞口应采取措施削弱噪声，下沉式隧道洞口可结合洞口侧墙做消声墙，穿山隧道洞口可结合自然光过渡段侧墙做消声墙。隧道在施工过程中常会出现产生巨大的噪声及危害附近施工环境的一系列问题，在基于混凝土路面的公路隧道施工过程中，此问题尤为突出，例如施工的机械设备进行物料运输、混凝土路面的钻孔以及隧道开挖等一系列过程，都会产生不同级别的噪声。一方面是影响到周围居民的日常生产生活，另一方面是为了赶工期、赶进度而密集施工，两者的矛盾与统一一直以来都是业内学者们所关注和研究的重点内容。

绿色隧道

随着交通流量的增长，部分建成的隧道存在较为严重的噪声污染。第一类是通行行人及非机动车的隧道，个别隧道长度超过1km，对行人和非机动车的通行影响较大；第二类是隧道周边存在居住区、医院等噪声敏感目标，隧道洞口噪声辐射的增加，会给周边居民生活带来较大影响。人在较强的噪声环境下暴露一定时间后，会导致听力下降。研究表明：长期接触80dB（A）以上的噪声，听力就有可能受到损害；在大于85dB（A）的噪声环境中工作20年，将有超过80%的人耳聋；环境噪声大于90dB（A）时，耳聋患者的比例将超过20%。因此，对于通行行人及非机动车的隧道，除考虑隧道周边声环境外，尚应关注隧道内噪声对人体的影响。根据生态环境部要求，建设项目应进行竣工环境保护验收，隧道周边声环境及隧道内声环境是项目声环境的重要组成部分，应满足相应的竣工验收条件。

3）水污染防治

隧道项目在施工建设的过程中，需要有针对性地开展区域水体应对、防范等相关方面的工作。从以往经验来看，隧道施工与水体环境应对之间存在着较为密切的联系，基于这种内在的关联性，施工人员应当转变思路，认真做好施工方案的设立与调整工作。例如，在水源保护区内进行隧道施工的过程中，如果没有采取恰当的施工技术手段，势必引发环境污染等问题，产生污染物。有些甚至带有未经处理的重金属等污染成分，在地表下渗过程中若地层过滤净化性能不足，将会导致污水渗入下游地表水径流，从而严重影响城市水源取水点的水质，给生态及人们生产生活环境带来极为严重的负面影响。分析洞外场地水可以发现，洞外场地水主要包括洞顶截水沟排水、洞口段临建场地汇集水以及施工便道排水，洞外场地的污染主要是前期进场隧道施工场地建设以及施工阶段场地径流雨水的污染，常常会伴随粉尘以及场地油渍污染等，其存在污染强度低、水质变化不大的特点，且随着降雨量的增多以及场地污染数量的减少，其对环境的污染程度会大大减小。

隧道项目施工过程中，尤其在钻孔施工环节，会生产大量的岩土泥浆，这些泥浆如果没有得到科学处理，将会产生一定的量的废水，以致对环境产生较大的破坏作用。其存在以下特点：污染强度高、水质变化大、突发性和不确定性危害大，若洞内在施工过程中泄漏了大量的油污而又没得到及时的清理，油污会伴随隧道涌水以及施工用水一起排出洞外，如果未及时处理，将会对水源保护区造成很大的危害，因此控制难度大。对于施工场地及施工便道污染的主要控制措施有：

（1）涉水源保护区施工人员依托水源保护区内居民生活设施，若有需要则对现有污水处理系统进行升级改造。

（2）施工场地周边设置临时围挡，施工场地外围设置截水沟，施工便道设置边沟。截水沟汇集的地表水是没经过污染的天然水，可以通过边沟直接排至河道里面，施工场地及边沟的初期雨水通过排水沟集中收集后排入回用水池，经沉淀后回用于洒水降尘、植被绿化等。

（3）施工材料堆放采取遮盖和围挡等防雨水冲刷措施；施工场地外围裸露地表及时绿化或用彩条布遮盖，减少水土流失。

隧道施工时，隧道涌水也是主要污染源之一。隧道涌水主要为清净地下水，因接触岩屑、粉尘等污染物，经人工扰动，变成污水。治理原则是"以堵为主"。开挖前，采取超前预注浆措施加固地层并堵水；二次衬砌环向施工缝采用背贴式+中埋式，纵向采用中埋橡胶止水带，隧道防水充分利用混凝土衬砌结构自防水能力，减少隧道涌水。

4）生态环保

长期以来，人们在工程建设和水资源的开发利用中，普遍缺乏生态观念，只重视治理水患、解决生产生活用水，严重忽视生态用水，导致出现河道干涸、湿地消失、土地沙化、生物多样性降低等许多生态环境问题，不少地方甚至不惜大量挤占耗用生态水来发展生产、增加城市容量、建设耗水景观、提高城市道路密度。隧道工程对生态环境的影响主要发生在隧道的施工期，会不同程度地干扰和破坏工程所在地的地下水平衡，其重点影响因素主要为隧道废渣和地下水。隧道开挖通常都要产生大量废渣，一般情况下均为各种岩石碎块，或风化岩类与泥土的混合物，无法当作种植土来直接利用。这样就在很大程度上影响到当地的生态平衡，长此以往，将造成难以估计的损失。

隧道设计应重视隧道工程对生态环境和水资源的影响，合理选择隧道设计施工方案和措施，注意节约用地、节约能源。隧道路线选线时应尽量避免靠近居民集中区，应尽量避免对水库、风景区等环境敏感点造成不良影响。洞口位置选择应遵循早进晚出、保护环境的原则，并应满足环评要求。施工过程中应注意对地下水的保护，洞口的雨水和隧道内的清洗废水应分开收集，做到雨污分流。洞口雨水经泵站提升后，应优先由周边海绵设施消纳，再排入市政雨水管网。洞口的空气污染物浓度也应满足相关标准要求，必要时可采取风亭风塔排放或设置空气净化器进行处理排放，以降低洞口污染物的浓度。隧道弃渣场的位置应结合国土、环保、水务等部门意见，根据场地地形、地质、水文条件和周边环境等因素综合确定，弃渣场设计应结合降水、地面径流、地形地质等情况，开展弃渣场的稳定性分析评价。隧道高风塔在有条件情况下可结合周边建筑结构一体化设计施工，节约用地和资源。结构建筑材料应因地制宜、就地取材，采用绿色施工工艺和技术，积极、慎重地利用新型节能环保材料。同时，针对隧道施工及运营阶段产生的废弃物，做好废弃物再生产品的利用，如盾构施工所产生的渣土、建筑废弃物等。

第三节　绿色隧道评价体系

一、绿色隧道评价框架

绿色隧道评价体系的建立包括评价体系框架的构建、指标选择和评价等级的确定。其构建目标要充分体现"以人为本"的理念，综合考虑隧道的外部环境、内部系统及人员的心理主观影响评价，制定全过程、全方位的绿色隧道评价体系框架，并基于科学性、系统性、可操作性与目标导向原则，对各层级的指标进行合理的划分与筛选。最后，通过设立评价等级，构建全过程、全方位评价体系，为绿色隧道评价体系精准服务提供理论支撑和需求导向。

全方位是指充分考虑结构安全耐久、行车安全舒适、通行疏散便捷、资源节约利用、生态环境保护五大方面。全过程是指通过先进技术手段和管理方法，统筹项目设计、施工、运营三个纵向顺承阶段。在保证每个阶段对各方面属性有清晰定义的要求下，"五横三纵"的绿色隧道评价体系框架应运而生，如图3-2所示。

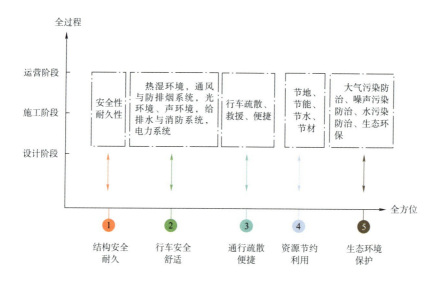

图3-2　绿色隧道"五横三纵"的评价体系框架

1. "五横"内涵解读

（1）结构安全耐久：包括安全性与耐久性。安全性是结构在各种作用下防止破坏和倒塌的能力，包括构件承载能力的安全性、结构的整体牢固性等。耐久性是考虑结构在使用环境中性能退化条件下满足设计使用年限的能力。

（2）行车安全舒适：包括热湿环境、通风与防排烟、光环境、声环境、给排水与消防、电力等内容。其中，湿热环境影响施工人员身心健康、施工效率、施工机械故障率、结构安全性、电控箱运行、汽车故障率；通风用于稀释隧道内有毒有害物质、改善隧道内的高温高湿环境；光环境对驾驶人的视觉、心理等因素产生影响，进而影响隧道事故发生率；声环境严重影响行车安全性与舒适性；给排水与消防系统有效快速排出废水、雨水、结构渗漏水等，并提供完整的消防水系统；电力系统需使各机电系统之间需协调一致，以保证隧道安全运行并有效应对突发情况。

（3）通行疏散便捷：包括行车便捷与疏散救援便捷。隧道车流量大、节奏快，加之其为半封闭空间特点，一旦发生火灾等其他突发状况，救援及时性、手段多样性均与普通公路有差距，因此，通行疏散便捷的考量对于隧道评估必不可少。隧道内可靠的交通工程设计，能充分发挥高质量、高效率交通运输的作用，为人们提供安全快捷出行保障，并促进区域经济快速发展。绿色隧道对智慧交通技术、监控管理平台等应用提出更高要求，以提高驾乘人员通行及运营管理中心救援疏散便捷程度。

（4）资源节约利用：包括节地、节能、节水、节材。节约土地资源，是指提高单位面积的土地使用效率，减少对于土地的扩张浪费。节约能源，是指提高用能设备或工艺的能量利用效率，通过积极采用节能技术，推广光伏发电、太阳能等清洁能源等一系列措施。节约水资源，是指需要科学、合理、有计划、有重点地用水，提高水资源的利用率避免浪费。节约材料，是指在满足功能条件下最大限度地节约材料，提高废弃材料回收利用率。

（5）生态环境保护：包括大气污染防治、噪声污染防治、水污染防治、生态环保。大气污染防治是对隧道在施工和运营过程产生的粉尘、机械和汽车尾气等废气进行治理。声污染防治对象包括隧道洞口的噪声、行驶时的交通噪声、附属设施噪声等，需降低噪声以减小对驾乘者及周围环境敏感区的影响。水污染防治是指采取措施处理隧道施工、消防和维修产生的污废水等，防止其对隧道周围水环境产生不可逆的影响。生态环境保护是为了减少隧道施工和运营期给周围的植被、土壤及江水等生态环境造成破坏。

2. "三纵"核心内容

对上述五方面，可在全过程周期内的各阶段进行评价，每阶段核心评价内容如下。

设计阶段应对隧道的主体结构、路面、防排水等土建工程与通风、照明、交通监控、供配电、消防等运营设施进行综合设计，同时要考虑项目将在施工、运营过程中对环境带来的破坏，采取科学的措施设计。设计应符合国家现行标准及规定，并贯彻国家有关技术经济政策，积极稳妥地采用新技术、新材料、新设备和新工艺。设计阶段作为绿色隧道建设的策划环节，为实现绿色发展目标树立了明确导向。

施工阶段按照设计方案对隧道开展规划、勘察、测量、施工、竣工等各项技术工作，完成工程实体及其附属设施安装工程。此外，施工应在保证质量与安全的前提下，最大限度地节约资源，强化节能减排和污染防治，并关注施工人员安全与健康，加强施工组织管理，优化施工方法，全力推进绿色隧道建设。施工阶段作为绿色隧道建设的落实环节，为实现绿色发展目标提供了强劲动力。

运营阶段应依据隧道运营标准、养护技术规范等要求，对隧道土建结构、附属设施进行监管维护，对机电设施配置与能耗功效进行优化，同时考虑对隧道内外环境保护与综合治理。运营要兼顾系统性的技术提升与管理优化，促进人、车、隧道、环境协调发展。运营阶段作为绿色隧道建设的实践环节，为实现绿色发展目标确定了长久模式。

二、绿色隧道评价指标体系建立

基于已有公路隧道评价标准的内容，建立了绿色隧道标准框架，从五大属性维度出发，确定了各属性维度设计、施工、运营阶段的评估重点。同时，开展了行业内意见征集及专家咨询，构建了绿色隧道"五横三纵"的评价体系框架。

在充分梳理公路隧道工程五大属性维度的基础上，基于国家对绿色公路的实施要求，结合现有标准研究成果，确立了覆盖绿色隧道全方位、全过程周期的评价指标，形成绿色隧道指标体系。

在评价过程中，首先考虑隧道的五大属性，再从各自的全过程周期出发，整体评价过程全面且紧密。本书将五大属性定为准则层，每个准则层下进一步细分为一级指标层（即每个属性所包含的主要内容），而二级指标即为一级指标内容自身的全过程评价（即设计、施工、运营三个阶段）。以结构安全耐久性为例，其指标体系见表3-5。

通过查阅并梳理隧道全过程建设运营现有技术及提升隧道整体绿色程度的相关研究资料，遵循系统性、科学性、可操作性和目标导向性原则，遴选各属性维度的评价指标，确保所选指标能充分体现绿色隧道的本质内涵以及全过程全方位评价特征。

标准：统驭百策，御率千军 第三章

绿色隧道结构安全耐久性指标体系 表3-5

准则层	指标层（一级指标）	设计阶段（二级指标）	施工阶段（二级指标）	运营阶段（二级指标）
结构安全耐久	安全性	设计标准化，建材强度，结构荷载，结构计算，结构安全措施，地质灾害评估，抗震设计，人民防空，设计风险评估，精细化设计，创新设计	地质勘察，施工测量，隧道开挖，结构监测，动态设计与信息化施工，施工风险评估，设计服务水平，地质超前预报，施工管理水平	荷载作用确认，结构完整状态检查，材料力学性能检查，结构监测，结构服役性能鉴定，灾害结构鉴定
	耐久性	环境作用等级，结构耐久性设计，材料要求，防排水，管片材料品质标准	结构监控量测，防排水，耐久性保障措施，施工质量控制，改善施工工艺，质量管理	主体结构渗漏水、裂缝、破损等问题，质量管理，耐久性能检查，结构密闭、变形状态检查

本书基于专家调查法，以线上及线下发放问卷的形式，向业内专家广泛征求指标重要程度及选取的意见，根据专家意见，对指标内容再一次适当修改，然后再进行重要程度打分，至专家意见基本达到一致。最终绿色隧道评价体系及指标为：目标层为绿色隧道评价A，准则层B包含结构安全耐久B1、行车安全舒适B2、通行疏散便捷B3、资源节约利用B4、生态环境保护B5；一级指标包括安全性C1、耐久性C2等18个指标；二级指标层包括控制项指标和评分项指标。考虑到层次分析法作为多目标定性定量结合的综合评价方法，可以将专家的经验判断定量化，从而实现最优化。本研究结合专家对各级评价指标相对重要程度打分结果，采用层次分析法确定各级指标权重值。利用yaahp软件构造层次结构模型，如图3-3所示。层次结构分为目标层A、准则层B、一级指标层C、二级指标层D。按照此方法计算一级指标及二级指标评分项的相应权重。其中，二级指标评分项的最高分值依据权重值和设定百分制评分标准确定，二级指标控制项结论为是否符合或通过。

基于绿色隧道理念，绿色隧道评价体系的准则层由结构安全耐久、行车安全舒适、通行疏散便捷、资源节约利用、生态环境保护五大方面组成。指标层针对准则层中五大方面分别进行了细化的解释与说明。每个指标层均包括控制项、评分项。控制项是绿色隧道必须达到的基本要求，需要严格掌控，其结论为通过或不通过，对于有多项规定的控制项条款，在各项要求均满足时方能评为通过，不满足控制项全部要求的隧道，将无法进行后续评价。评分项是划分隧道绿色等级的根据，是隧道设计、施工、运营阶段宜着重考量的绿色程度指标。加分项是鼓励隧道采用绿色技术措施的自选指标，具备创新性强、难度大、绿色度高的特点，若项目单位拥有评价体系尚未包含但具备促进公路隧道绿色发展的成果，可凭借相关创新设计资料向绿色隧道评审方提出额外加分需求，经评审单位认证通过后，方可获得加分项的设置资格。

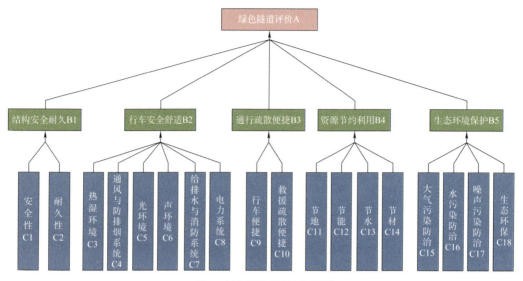

图3-3 绿色隧道评价层次分析结构

绿色隧道评价是一个多层次、多维度的指标体系评价，在实际评价中，可通过总评分确定绿色等级，评价得分计算公式：

$$Q = \sum_{i=1}^{n} W_i V_i + J_z \qquad (3-1)$$

式中：Q——评价得分；

n——指标数目；

W_i——一级指标权重，根据表3-6中权重值选取，$i=1, 2, \cdots, 18$；

V_i——一级指标总评分，由二级指标评分值累计得出，$i=1, 2, \cdots, 18$；

J_z——加分项指标总分值，由项目出具的加分项指标评分表得出。绿色隧道应满足全部的控制项要求，并依据评分项与加分项的总得分情况对项目的绿色评价等级进行合理划分，拟将评价等级分为基本级、一星级、二星级、三星级4个级别，具体的等级规定见表3-6。

绿色隧道评价体系等级划分　　　　　　表3-6

星级	基本级	一星级	二星级	三星级
定性描述	基本达到绿色水平，有提升空间	达到绿色水平，合理应用现有成熟技术	达到较高绿色水平，具有一定创新性，值得借鉴	绿色水平高，创新性强，应广泛推广
评定标准	满足全部控制项	≤60	60~80	≥80

星级等级应按下列规定确定：

（1）当满足全部控制项要求时，绿色隧道等级应为基本级。

（2）一星级、二星级、三星级3个等级的绿色隧道均应满足本评价体系全部控制项的要求，且每类指标的评价分值不应小于其评价项满分值的30%。

（3）一星级、二星级、三星级3个等级的绿色隧道均应进行全装修，全装修工程质量、选用材料及产品质量应符合国家现行有关标准的规定。

（4）当评价满足全部控制项，且应符合全部标准规定、技术要求时，绿色隧道等级按判定标准分别为一星级、二星级、三星级。在隧道项目完成评价后，可以为达到相应星级的项目颁发"绿色隧道"的标识。

第四章

品质：结构耐久，平安百年

第一节 创新设计

绿色隧道设计方案融入先进的设计理念、文化创意，创新结构、功能设计，考虑先进适用的"四新"技术的应用。

绿色隧道设计方案高度重视交通安全性、环保节能，积极运用新理念、新技术、新工艺、新材料、新设备，切实建成安全绿色地下道路。目前水下隧道主要采用的创新性技术有超大直径盾构隧道结构设计技术、长大水下隧道防灾救援与疏散技术、全寿命周期结构健康监测技术等。

一、超大直径盾构隧道结构设计技术

为防止软硬不均地段隧道的不均匀沉降，抑制管片错台，在管片环缝上设置分布式圆端形凹凸榫（专利号：ZL 201420184404.6），通过多点接触提高环缝抗剪能力。

圆端形凹凸榫如图4-1所示。

管片接缝防水是整个防水系统中最为重要的部位，更是百年隧道耐久性保障的关键。面对江中盾构段面临的高水压，设计在盾构隧道接缝处设置了双道防水措施（一道EPDM弹性密封垫+一道遇水膨胀橡胶止水条），该两道防水集中布置的方案为专利（专利号：ZL 200920228135.8，一种盾构隧道管片接缝防水结构），在南京和燕路过江通

道、南京长江第五大桥夹江隧道、杭州庆春路过江隧道、广深港客运专线深圳福田站及相关工程、益田路隧道、扬州瘦西湖隧道等工程中得到了成功应用。

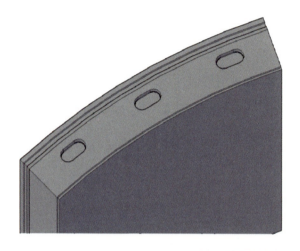 

图4-1　圆端形凹凸榫

接缝双道防水示意图如图4-2所示。

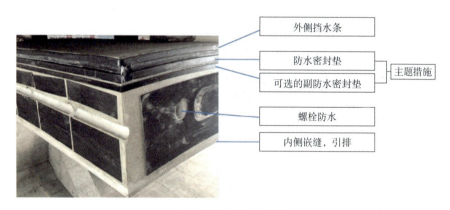

图4-2　接缝双道防水示意图

随着我国水下隧道的埋深、盾构直径、隧道承受水压一次次地均在创造纪录，盾构隧道的防水设计也迎接着越来越大的挑战。从确保防水效果、工程及周边环境的安全角度出发，特提出在管片外侧设置两道多空橡胶密封垫，材质为EPDM弹性密封垫（图4-3）。该技术应用于江阴靖江长江隧道、甬舟铁路等项目。

二、长大水下隧道防灾救援与疏散技术

水下隧道环境封闭，逃生困难，一旦发生火灾，如得不到有效控制，将造成巨大损

绿色隧道

图4-3 管片外侧EPDM弹性密封垫

失和重大社会影响。因此,保障火灾等突发事件下的人员疏散安全和快速救援是水下隧道的关键技术之一。

1.隧道工程综合防灾体系

隧道工程综合防灾体系是通过隧道工程结构、建筑、给排水、消防、通风、照明、供电等各子系统的安全或功能的冗余设计来实现,并通过监控系统将各子系统构成一个有机的整体,以实现隧道总体的防灾、减灾和救灾功能。

隧道内设置灭火器、消火栓、泡沫-水喷雾联用系统等消防设备,并设置交通监控、火灾报警等监控系统进行管理。隧道内消防系统如图4-4所示。

图4-4 隧道内消防系统

隧道防灾体系设计基本要求如下。

（1）总体要求。

设计中贯彻"预防为主，防消结合"的防灾方针，并满足现行《火灾自动报警系统设计规范》（GB 50116）、《公路隧道设计规范　第二册　交通工程与附属设施》（JTG D7012）等有关规范和标准的要求。

另外，从总体设计上应考虑灾害情况下人员疏散、救援的便捷与可能。

（2）工程的安全性、耐久性。

结构设计应有足够的安全度，能满足防水、防火、人防抗震等要求。另外，结构设计中应考虑关键部位防腐蚀、耐久性设计，以确保工程100年的使用年限要求。

（3）隧道建筑防灾的考虑。

建筑防灾的指导思想是以防为主。设计在车道限界上部设置专门的排烟道以及沿隧道纵向每隔一段距离设置安全疏散楼梯，以利于人员的及时疏散；隧道的装修均选用不燃材料；在隧道顶部设置防火保护层。

（4）通风安全保障体系。

确保火灾事故工况通风系统应具有足够的排烟功能，尽可能控制烟雾和热量扩散，并为逗留在隧道内的人员提供一定的新风量，以利于人员疏散和灭火扑救。

（5）给排水、消防体系。

给排水、消防体系设计应包括火灾工况下扑救措施。在隧道中除采用常规的消火栓系统、灭火器系统、火灾自动报警系统外，还设有水喷雾+泡沫联动自动灭火系统。

（6）监控系统。

监控系统以确保隧道运营、人身安全及提高车辆通过能力为目的，达到疏导交通、防灾和消灾的功能。它须综合考虑，承担对整条隧道诸如风机、水泵、电力、照明等设备的监视、控制和测试，设备发生故障时告警功能，并在正常和非正常情况下采取相应控制措施；对整个隧道及道口实现全范围、全断面的监视；具有预警通行、关闭隧道等功能；能迅速检测隧道内可能发生的诸如火灾、车祸等各种灾情；对于隧道灾害时能实时判断和报警，并自动联动相应设备、抵御灾害、把损失降至最低。

（7）紧急照明系统。

在隧道及安全通道设置有适当的应急照明设施设备，确保能在隧道供电中断及发生火灾时起到诱导疏散作用。

（8）隧道管理站或工作井应急措施的考虑。

在隧道管理站或工作井内考虑设消防、牵引急救、检修等特种车辆，当灾情发生时，能迅速进入隧道进行救援、维修作业。

通过专题研究对隧道内通风设计参数进行分析，对逃生口的逃生效率进行模拟，指导设计。

2. 快速直达式疏散救援通道设计理念

特长盾构隧道防灾疏散一直是过江通道建设中备受关注的重点问题。盾构隧道防灾疏散问题具有设置横通道困难、疏散距离长、火灾危险性大、缺乏可参考设计规范等技术难点。

盾构段采用纵向疏散模式，利用疏散楼梯进行疏散，间距为80m，宽度0.9m；明挖段设置车行横通道和人行横通道，间距按100m设置。

隧道内发生火灾时，常规设计的盾构段人员疏散路径为：逃生人员通过逃生楼梯进入盾构底部疏散廊道，再行进或由救援车辆载至两侧盾构工作井后，经两岸工作井内楼梯疏散至地面，经地面疏散救援车辆进行疏散或运输至医院。这种方式疏散救援距离长，救援速度慢。

考虑到以上问题，以及盾构段疏散通道与明挖段行车道协调一体的疏散救援新理念，在明挖后续段处设置专用的救援车进入通道，通过工作井与盾构段下部疏散通道连接，救援车由明挖段经疏散通道直达盾构隧道底部疏散通道，盾构段发生火灾时疏散人员进入盾构隧道底部疏散廊道，车辆由快速救援通道行驶至火灾点疏散地点，实现快速疏散与救援功能。

快速救援通道平面布置图如图4-5所示，快速救援通道纵断面布置图如图4-6所示，快速救援路径示意图如图4-7所示。

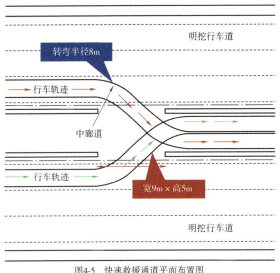

图4-5 快速救援通道平面布置图

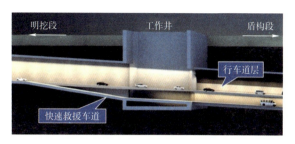

图4-6　快速救援通道纵断面布置图

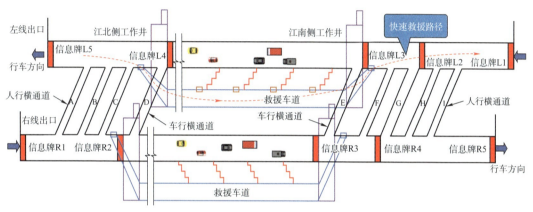

图4-7　快速救援路径示意图

3. 特长隧道通风排烟关键技术

特长隧道内车流量大，货车比例大，隧道内污染物产生量较大，洞口排放的污染物会影响周边环境空气质量，因此，特长隧道运营通风的重难点是解决两侧洞口的污染物控制和环保问题。

结合工程特点、洞口环保要求，提出竖井排出式纵向通风方式，在江南侧和江北侧各设一处排风塔，风塔内设置大型轴流风机，风机通过风口、联络风道与主隧道相连。为减少洞口污染物对周边环境的影响，正常运行时通过风塔将隧道内大部分废气由高空排放，其余部分通过洞口排放。

在两岸工作井内设置排风塔，风塔内设置大型轴流风机，风机通过风口、联络风道与主隧道相连。通风采用分流型纵向通风方式，隧道内大部分废气通过排风塔高空排放，小部分废气通过洞口排放，从而减少对周边环境的影响。通风气流组织示意图如图4-8所示。

隧道内车流量大，若隧道内可通行大型货车，火灾能量将高达50MW，一旦隧道内发生火灾，烟气产生量大且蔓延迅速，人员疏散难度和火灾时造成的危害极大，因此，火灾时的烟气控制是设计中的关键点。

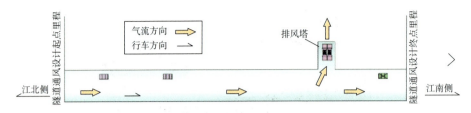

图 4-8 通风气流组织示意图

盾构段，人员采用纵向疏散方式，疏散距离长，考虑到火灾高温烟气对水下盾构隧道结构损伤大且修复困难，为提高盾构段人员疏散效率和保证结构的安全，盾构段推荐采用重点排烟方式，在顶部富余空间设置排烟风道，排烟道内间隔一定距离设一处电动排烟口，排烟道两端分别与两岸排风塔相连，风塔内轴流排风机兼作火灾工况下排烟风机。火灾时，开启火源附近的若干个电动排烟口就近将烟气排出。两岸明挖段采用横通道疏散，疏散距离短、效率高，推荐采用纵向排烟方式，火灾时烟气可通过就近的风塔或隧道出口排出。

进口明挖段排烟示意图如图4-9所示，重点排烟示意图如图4-10所示，出口明挖段排烟示意图如图4-11所示。

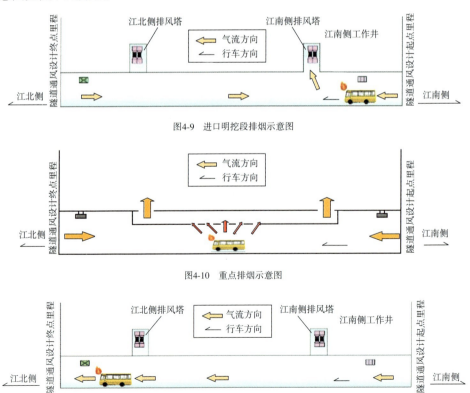

图4-9 进口明挖段排烟示意图

图4-10 重点排烟示意图

图4-11 出口明挖段排烟示意图

4. 深大基坑盾构始发接收综合措施

盾构始发结构采用隔水帷幕+旋喷桩加固+冻结+水下接收的综合措施，确保临高压强透水地层的深大基坑盾构始发安全。盾构始发结构设计示意图如图4-12所示，盾构接收结构设计示意图如图4-13所示。

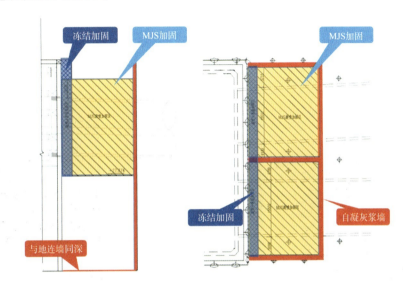

图4-12 盾构始发结构设计示意图（尺寸单位：mm）

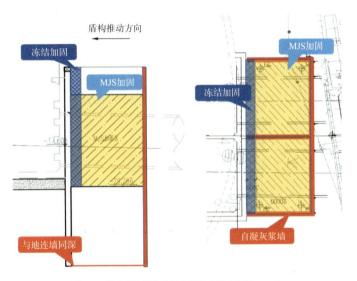

图4-13 盾构接收结构设计示意图（尺寸单位：mm）

三、全寿命周期结构健康监测技术

盾构法隧道具有施工速度快、环保、经济的优点，但其特殊的结构形式，又使其具

绿色隧道

有整体刚度小、抗变形能力弱的显著特点,周边地层扰动后易发生开裂、渗漏、横向变形显著增大、纵向不均匀沉降等病害,近年来各地关于盾构隧道各类病害现象的报道屡见不鲜。因此,盾构隧道健康监测技术逐步在该领域大量推广运用,力图实现对结构受力状况的长久监测,以评估隧道的安全状态。

1. 预埋式盾构隧道结构健康监测技术

预埋式盾构隧道结构健康监测技术主要是施工前预设断面,且在预设断面内预埋元器件进行后期监测(图4-14)。

a) 预埋　　　　　　　　　　b) 引线安装　　　　　　　　　c) 线路集成

图4-14　预埋式盾构隧道健康监测技术

基于BIM技术的隧道结构健康监测管理平台如图4-15所示。

图4-15　基于BIM技术的隧道结构健康监测管理平台

2. 非预埋式盾构隧道结构健康监测技术

现有结构健康监测技术主要是在施工前预设断面,且在预设断面内预埋元器件进行后期监测,因而不可避免地存在以下难以克服的技术难题:

(1)难以对最危险、最需要监测的部位进行监测。设计中,一般根据隧道所处地质条件、周边环境条件、远期规划条件等因素，选取设计过程中认为最不利、最危险的断面进行监测，在该断面的管片内预埋好水土压力、钢筋应力、混凝土应力等测试元器件，现场拼装后即可进行监测。但从结构长久健康来看，真正最危险、最需要长久监测的断面往往是施工中因各种原因引起的破损、开裂、严重错台等断面（简称"缺陷断面"），由于施工因素具有随机性，这些"缺陷断面"位置难以预料，因而也难以进行元器件预埋。

（2）难以实现长久监测。预埋元器件的存活率难以达到100%，使用寿命短（常规机械式测量方法仅5~10年，光纤光栅元器件为15年左右），且基本上无法实现更换与再生。

（3）难以进行全隧道监测。出于成本原因，一般仅对少数几个断面预埋元器件，无法对所有管片都做预埋。

此外，在盾构法隧道内力反演方面，国内外专家学者均采用从矿山法隧道演变而来的基于隧道净空收敛值的方法。该方法对于山岭隧道较为适用，但盾构法隧道采用管片拼装而成，在拼装过程中，相邻管片之间存在错台、旋转，因而无法得出准确的净空收敛值，从而使管片内力反演结果存在极大误差，无法满足实用要求。

3. 首创非预埋式结构健康监测技术的建养一体化信息管理新技术

基于精密测量的盾构隧道结构内力反演分析软件和测点全覆盖，对出现病害或较大错台的结构进行针对性监测和反演分析，监测结构健康状态。

测线示意图如图4-16所示。结构健康反分析流程如图4-17所示。

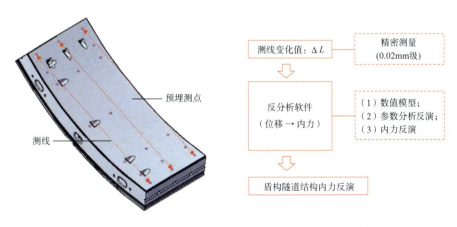

图4-16 测线示意图　　　　　　　　　图4-17 结构健康反分析流程

管片预制生产时，在内表面预留固定的、能够长久保存的高精度定位测量基点，测量基点包括但不限于通过预埋钢锥、预留凹凸点、涂抹油漆等方式实施。测量基点应在管片内表面的中心点、4个角部、4个边长范围内设置，保证每块管片沿弧长方向有3条测线、每条测线至少有3个测点，并使每条测线上的相邻测点之间的弧面长度基本相等。

测量基点之间的管片弧面长度，获取管片"零应力"状态下的管片长度（L_{0i}）（i为管片编号）。测量方法包括利用激光测距仪测量两点弦长进行换算、三维激光扫描仪扫描成像技术、粘贴线状应变或位移传感器测量及高精度摄像等，测量精度应控制在0.1mm以下。采用三维激光扫描仪扫描成像技术时，不预留或预埋第一步所述的测量基点。

待管片结构在隧道内部安装后，选定有缺陷的断面（破损、开裂、严重错台等），再次采用精密测量，获取管片稳定状态下的管片长度（L_{1i}）；计算"缺陷断面"内每块管片3条测线上各测点的长度变化值，将3条测线的平均距离变化值计为$\Delta L_i = L_{1i} - L_{0i}$。

针对缺陷断面上的测量数据进行内力的反演分析，具体方法与原理如下：

以每块管片内表面测线距离的变化值ΔL_i作为目标值，通过反复调整所采用计算模型的地层荷载、地基弹簧系数等参数，使计算所得内表面测线距离的变化值Δ_i与实测值（ΔL_i）基本相等；具体可以采用最小二乘法，即使$\Sigma(\Delta_i - \Delta L_i)^2$趋于零时，获取对应的弯矩$M$、轴力$N$内力图，作为反演的最终内力图。

根据上述反演的M、N数据，判断该断面是否具有长久监测的必要性，如需要则在"缺陷断面"内表面埋设后续监测元器件（一般为光纤光栅），将弯矩、轴力的反演值作为后续监测的初始值，建立长久监测体系。当后续传感器由于寿命失效后，可按上述方法重新测量反演，获得该状态下的内力初值，更换传感器元器件延续监测。

四、隧道深基坑开挖技术

1. 双排大直径工法桩技术

某工程在澄阳路路口上跨远期规划轨道交通7号线，相交角度为85°。在此节点处，轨道交通7号线规划为盾构区间形式，隧道基底距离轨道盾构顶约3.3m。在盾构两侧30m左右，有轨道交通车站过街人行通道从隧道上方穿过。隧道投影范围内的人行通道考虑与本项目同步建设。隧道南侧约10m距离为管廊。管廊先于隧道开工建设。隧道北侧是远期轨道交通7号线春申湖路站（图4-18）。

该位置基坑开挖深度为15.6m左右，原方案阶段考虑采用800mm地下连续墙，考虑远期轨道交通下穿的范围采用玻璃纤维钢筋，方便后期盾构穿越。但在与苏州轨道公司对接的过程中，对方提出就算采用玻璃纤维筋，穿越地墙时对盾构机刀盘的损坏也是比较严重的。故为减小盾构穿越的困难，该范围（盾构两侧各5m，总长约32m）内基坑的围护形式调整为直径1000mm的SMW工法桩。

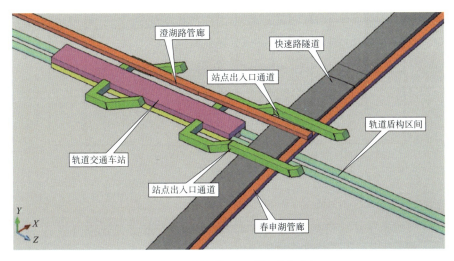

图4-18　隧道与轨道交通7号线空间关系图

具体围护形式如下：

支挡结构采用1000mm直径的SMW工法桩，搭接长度250mm。桩顶设冠梁连接，竖向设置4道支撑，第一道采用900mm×700mm混凝土支撑，其余采用钢管支撑。其中，第2、4道为609mm钢支撑，第3道为800mm钢支撑。该范围隧道宽度为32m，故横向设置3排格构柱。根据轨道交通相关要求，格构柱布置在盾构两侧及两条线正中间，桩基距离盾构的净距不小于3m。

混凝土支撑平面距离为14m，钢支撑平面距离为3m。支撑竖向距离控制在3~4.5m之间。由于混凝土支撑间距较大，混凝土支撑端部采用剪刀撑布置的加固形式。

为控制基坑变形，工法桩采用双排布置形式，前排工法桩型钢长度为30m，后排工法桩型钢控制在基底以下2m（不进入轨道交通盾构范围）。计算仅考虑前排工法桩作用，后排工法桩作为刚度储备，用来控制围护结构的变形。型钢规格采用800mm×300mm×14mm×26mm。轨道交通7号线处围护结构理论计算结果如图4-19所示。

从监测的数据看，该范围内围护最大累计位移量达3.26cm左右，地表位移、桩顶的水平和竖向位移、深层土体位移均超过了理论计算数据，但未超过"一级基坑等级"要求。因此，最终变形量在可控范围之内。由此可见，本工程内设置双排工法桩很有必要，且有效控制住了支护结构的变形，保证了基坑的安全，这对远期过轨、管线穿越或其他需要将围护拆除等特殊情况下的深基坑设计有很大的参考意义。

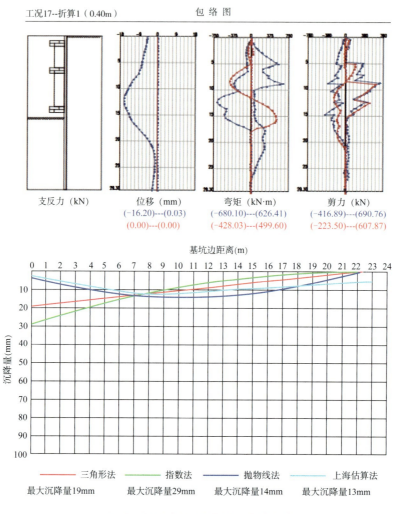

图4-19 轨道交通7号线处围护结构理论计算结果

2. 超深、超宽非对称基坑设计技术

受规划及现状条件限制，隧道出入口匝道位于主线隧道上方，形成双层叠形结构，导致基坑深度大、宽度大、不规则。隧道采用明挖法施工，叠形设计段落最长达到880m，基坑深度1.17～24.63m，林家路处基坑最大深度24.6m，基坑最宽处52.5m，属于大断面、大跨度的明挖现浇分离式叠层城市隧道。

基坑周边环境复杂，紧邻建构筑物、管线，基坑围护设计难度大。本项目地下水有潜水、微承压水、承压水，微承压水主要赋存于3-3粉土及4-2粉土夹粉砂层，承压水主要赋存于6-3粉土夹粉砂及7-2粉土层。

林家路叠层隧道段南北两侧地面高差4m，地质条件较差。对于主线隧道埋深最大24.6m处，基坑安全等级为一级。若采用台阶法开挖支护（坑中坑），由于一对匝道

"先出后进",匝道坑底高程不一样,且匝道结构外边线偏离主线隧道外墙距离<8m,围护结构设两道灌注桩+止水帷幕,施工工序复杂、围护方案不经济、现场施工组织困难,防水效果受止水帷幕的施工质量影响。故基坑采用全断面开挖,匝道下分层摊铺素混凝土、水泥土。围护结构采用地下连续墙,设置六道水平撑,南北侧地下连续墙厚度1.2m,分幅宽度平均为6m,嵌入深度24.9m。第一道撑选用钢筋混凝土支撑,C30混凝土,水平间距9.0m,断面尺寸1000mm×1200mm,冠梁尺寸1400mm×1200mm。

第二道钢筋混凝土支撑布置在第四层,水平间距4.5m,断面尺寸1000mm×1200mm,圈梁尺寸1600mm×1200mm。钢支撑有两种:ϕ609mm钢管、ϕ800mm钢管,壁厚均为16mm,水平间距均为3.0m,钢支撑采用双拼[32a槽钢连系梁连接。

隧道基坑围护结构横断面如图4-20所示。

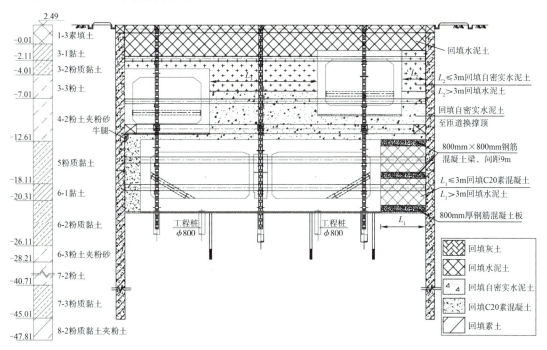

图4-20 隧道基坑围护结构横断面

采用同济启明星深基坑计算软件对围护方案用弹性有限元法进行结构计算。按"增量法"原理模拟施工开挖、支撑和回筑的全过程进行计算,计入了"先开挖变形、后施加支撑"对围护结构内力的影响。分步开挖计算工况地连墙内力最大位移达到23.1mm,最大弯矩1901kN·m,对地墙进行配筋验算,开挖最大深度处时整体稳定验算及抗倾覆、坑底隆起验算通过,符合规范要求。在拆除第二道钢筋混凝土支撑时,计算地表沉降最大达到21.5mm。

绿色隧道

在基坑开挖及主体结构施工阶段，基坑周边两侧均布置具有代表性的建筑物沉降监测点和地表沉降监测点，纵向间距30m，持续监测地表沉降。

通过监测数据知，沉降产生先增加后回弹或逐渐稳定的趋势，距离基坑外14~16m的位置，北侧建筑沉降点达到最大13.9mm，南侧地表沉降点达到最大19.2mm。分析地表沉降在开挖阶段的变形规律，基坑开挖完成后，基坑附近最大地表沉降不到20mm，这一数据与理论计算的21.5mm左右的数值较为接近。通过比较地表沉降理论值与实测值，监测数据无异常，变形过程在可控范围内。

五、特长智慧隧道设计

1. 创新设计湖底叠层隧道结构

阳澄西湖南隧道是我国首座穿湖叠层特长隧道，为解决教育组团出行问题，在林家路设置一对出入口匝道，便于地面辅道进出主线隧道（图4-21）。现状道路等级较低，林家路宽度仅为9m，路线北侧为苏州大学阳澄湖校区学生宿舍、林巷港河，南侧为相城中专、中国人寿保险干校教学实训楼。若匝道置于主线两侧，则用地宽度约72m，而林家路两侧学校间距仅48~56m，预留红线间距约38m，宽度狭窄，空间严重受限，对工程展线不利，路线方案难度大，使得匝道无法布置在主线两侧。

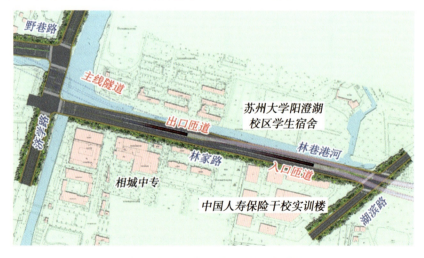

图4-21 阳澄西湖南隧道出入口匝道平面图

隧道标准横断面采用两孔一管廊矩形结构形式，净高6m，主线隧道单孔净宽13.1m，中间管廊净宽1.8m，匝道隧道净宽9.1m。在阳澄西湖湖域段主线、匝道分合流鼻端的大宽断面采用折板拱形式，结构单孔净宽最大22.85m，净高8.15~9.30m。

若出入匝道与主线隧道全线采用左右侧合建式形式，上岸后林家路段落道路红线及用地宽度远远不够，因此，隧道在林家路段设计为两层布置，地下二层为主线隧道，地下一层为匝道隧道，采用先出后进方式，两匝道从地面辅道依次入地接入主线。由于出入口匝道之间及其与主线隧道的空间关系一直处于渐进变化中，该段落实现由湖域段左右合建式结构逐渐过渡成陆域段上下叠层分离式的立体结构形式，实现了地面道路与快速路主线的交通衔接（图4-22）。

图4-22 匝道与主线由左右向上下叠加的分离式结构模型

隧道路线、结构方案合理，论证充分，有效地解决了匝道展线宽度与长度不足的难题，对类似工程的设计和施工有所借鉴意义。

2. 创新集约化设计设备用房

湖西设备用房分为地下二层、夹层及地下一层，设计总建筑面积4437.78m²，其中地下建筑面积4309.14m²。地下二层包括隧道送风机房和排风机房；夹层为电缆夹层；地下一层包括隧道送风井、排风井、降压变电所、配电所、电容器室、EPS控制室、弱电间、通风空调机房、防烟机房、气瓶间及值班室等。若设备用房设置在主线隧道外侧，需要另外设置连接风道、电缆通道和吊装运输通道，主线隧道埋深大，受其影响设备用房的建设费用较大，项目占地更多，用地报批范围和难度更大。

在叠形结构方案中，两匝道隧道之间、主线隧道上方存在一段狭长地带，因此，设计人员创新性提出设备用房与主线隧道上下合建、与左右展线的出入匝道分建的方案，充分考虑主线、匝道隧道之间的空间，将设备用房内高风塔、排风孔与吊装孔设置在主线隧道顶板上方，使设备用房与叠层隧道集约化布置，设计方案更具经济性和创新性（图4-23）。

3. 自密实水泥土填筑新工艺

阳澄西湖南隧道在经过教育组团地段时，由于叠层隧道的结构设计，隧道主线与匝道结构的相对位置复杂，基坑回填断面变化多，且匝道对沉降控制要求高，存在以下限制：主线隧道顶板上方及匝道底板下方、匝道之间、匝道与围护结构之间的空间狭小；折板拱斜坡位置三角区难以碾压、工程质量难控制；支撑密集，回填操作空间受限。本项目利用施工过程中基坑、沟槽开挖产生的大量废弃土与水泥等固化剂混合形成具有一定流动性的自密水泥土进行回填，并通过室内配比试验、现场拌和填筑试验、现场测试检测及承载力沉降计算，联合河海大学共同研发了不规则断面基坑自密水泥土回填技术。

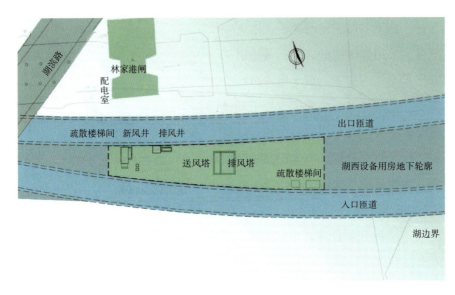

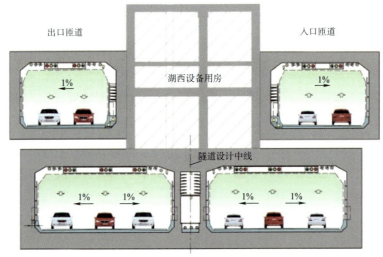

图4-23　湖西设备用房集约布置图

采用自密实水泥土新技术进行该项目基坑回填,既能满足工程要求,又可减少弃土方量;施工速度快、工艺环节少;质量可靠、强度高、抗变形能力强;固化时间短、施工过程受天气影响小;抗渗性好、经济、环保,十分适用于本工程现场填筑工作。

自密实水泥土现场施工、取样试验如图4-24、图4-25所示。

运用PLAXIS有限元分析软件对隧道基坑回填进行模拟分析,经计算得匝道底采用自密实水泥土回填总沉降量小于13.8mm,最大差异沉降量约为1.3mm。地表最大沉降18.3mm,对周边建筑物影响小,自密实水泥土回填满足匝道底差异沉降的要求。

图4-24 自密实水泥土现场施工、取样试验（一）　　图4-25 自密实水泥土现场施工、取样试验（二）

4. 超深水泥土搅拌墙（CSM）止水帷幕工艺

基坑开挖纵向长度长、深度大，为减小渗漏风险发生时对周边建筑物的影响，沿基坑纵向每400m左右设置一道横向止水帷幕。林家路段1km长基坑最大深度24.6m，普遍深度在20m左右，横向止水帷幕深度最大约43.5m，采用常规三轴搅拌桩难以保证施工质量，故选用施工速度快、质量可靠的等厚度水泥搅拌墙（CSM）作横向止水帷幕。后续基坑开挖过程中，横向止水帷幕质量较好、无渗漏，达到了设计要求，超深水泥土搅拌墙（CSM）止水帷幕在本项目应用取得成功经验。

5. 河道护岸波浪桩新工艺

受线形影响，林家路需拓宽改造，侵占苏州大学南侧戴家港河。根据水利占补平衡的要求，需在现有河道北侧恢复河道，补偿原水面面积。同样，济民塘航道以北部分鱼塘受隧道围堰施工影响临时拆除，现围堰、基坑、结构工程施工结束需恢复原塘埂。以上两处河道护岸若采用重力式挡墙驳岸，需要施工临时钢围堰及支护、增加恢复工程的费用与工期，因此，提出采用河道护岸波浪桩新工艺（图4-26）还建驳岸。

波浪桩是一种新型的预应力混凝土构件，截面呈半圆环形，混凝土强度不小于C80，主筋采用预应力混凝土钢棒，采用先张法工艺制作生产，可延缓混凝土的开裂，并可提供较高的抗弯承载力，是一种绿色、节能、环保、耐久的产品。

河道护岸波浪桩现场施工照片如图4-27所示。

6. 泥浆池不良地基处置及综合利用创新

G524线保通道路建设是推进春申湖路快速化改造工程实施的重要前提，作为G524线的保通道路，该道路采用了与G524线相同的双向六车道断面，并需在2018年先于主线完工，现场勘察时发现有一处暗浜及较大范围泥浆池，泥浆数量超过20万m³，需要进行特殊路基处理。为此，建设单位对工程投资控制提出了明确的要求。

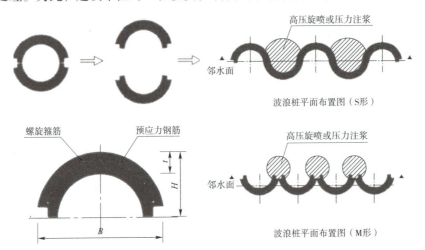

图4-26　河道护岸波浪桩工艺图

经过多方面调查比选，设计提出对泥浆进行上清液和固相湿泥浆分离的方案，并分别进行回收利用，将液体进行循环利用不对外排放，向固相湿泥浆内添加固化剂进行泥浆改变，使其成为具有水泥特征的烧砖材质，减少废泥浆的对外排放量，避免废泥浆中的有害物质对环境造成污染和破坏。

对于改良后固相泥浆，通过加入固化剂、稳定剂及少量集料形成泥饼，并压制成型进行干燥后进行烧制，制成烧结砖，烧结砖的抗压强度

图4-27　河道护岸波浪桩现场施工照片

（28d）可达到0.5~1.5MPa，并用于本项目工区内部道路及围墙，有效地利用了废弃资源，变废为宝，保护环境，实现社会效益和经济效益双丰收。

7. 水下隧道BIM技术应用

项目BIM实施阶段搭建BIM平台，打造"三个中心"。以BIM模型为载体，集成项目各阶段信息，输出BIM应用成果，通过BIM在本项目中的创新应用提升企业竞争力。

由于施工范围狭长，跨湖隧道基坑施工，且周边环境复杂，场地的合理布置及基坑土方开挖的合理组织是工程顺利如期完成的重要因素。引进无人机倾斜摄影技术（图4-28），对工程项目周边200m范围内地形地貌、建构筑物等进行信息采集，创建三

维实景模型,还原周边环境,为合理布置场地提供重要依据。

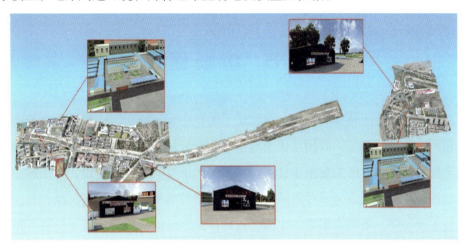

图4-28 无人机倾斜摄影

本工程BIM建模工程量巨大,传统的建模方式无法满足项目使用要求。经过仔细研读图纸,分析隧道结构形式,最终确定利用 Dynamo+Civil 3D+ Revit 的模型创建方式创建精细化隧道模型。

首先,基于设计施工图纸,结合隧道工程分部分项文件及施工现场实际需求,利用Revit创建各个参数化族(图4-29)。同时,采用Civil 3D创建线路模型并提取相应的线路数据,利用Dynamo编写建模程序。然后,利用Excel表格统计汇总所需参数数据及路线数据。最后,利用 Dynamo建模程序读取Excel表格中的数据,自动创建本工程隧道模型。结合项目实际应用需求,创建标准段隧道敞开段、标准段隧道暗埋段、雨水泵房等节点深化模型用于指导设计施工。

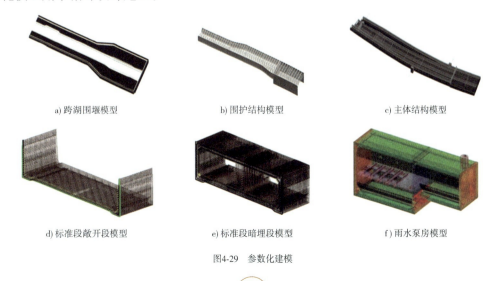

a) 跨湖围堰模型　　b) 围护结构模型　　c) 主体结构模型

d) 标准段敞开段模型　　e) 标准段暗埋段模型　　f) 雨水泵房模型

图4-29 参数化建模

第二节　精细建造

公路隧道施工方法包含明挖法、盖挖法、暗挖法和沉管法，暗挖法又分为矿山法、盾构法和顶管法等。目前，我国已成为地下空间开发的建设大国，其中明挖法和盾构法以其安全性和高效率，已大量用于江河湖海城的地下空间的开发建设，广泛地应用于我国公路、铁路、城市轨道交通等领域。而现代大直径盾构机集机、电、液、气、传感、信息等技术于一体，集隧道掘进、出渣、衬砌拼装、导向纠偏等功能于一期，是一个国家综合制造能力的体现，是名副其实的"大国重器"和"大国技术"的标识。大盾构广泛应用于城市轨道交通、地下综合管廊、公路铁路隧道及军事防护工程施工的特大型专用工程装备。大盾构的建设包含大跨度明挖基坑施工、大直径盾构隧道施工两大工程模块。

为打造"平安百年品质工程建设"目标，江苏省交通建设局在过江隧道项目上，针对明挖隧道和盾构隧道，提前筹划，在设计、施工、运营三个阶段，不断探索和优化。

一、工程本体安全

多车道高速公路隧道明挖基坑跨度大，又因临近长江地下水系丰富，基坑施工风险大，为解决工程安全性方面的问题，江苏省交通工程建设局项目在各个关键环节采用了许多先进技术。

内撑体系采用自动调节记录的钢支撑伺服系统，自动补偿系统采取24h不间断实时监测支撑受力状态。当支撑轴力低于设计设定要求值时，系统自动启动进行轴力补偿。当支撑轴力超出设计值时，系统报警并可根据指令进行自动（或手动）调整。伺服系统可实现钢支撑轴力的自动补偿调节并记录，相较常规钢支撑可减少基坑50%的变形量。伺服系统设备工作原理如图4-30所示。

基坑降水体系采用自动化气动降水，自动化气动降水设备是采用高压气体为动力，结合自动控制系统和专用的水气置换器实现基坑降水的施工方法。气动降水设备由气源系统、自动控制系统和水气置换系统组成。气源系统包含螺杆空气压缩机、储气罐和分气总成；自动控制系统包含传感器、自动控制箱和网络终端；水气置换系统包含进排气装置和置换器，可实现全过程水位、流量、运行情况智能监控和数据实时采集，可在线进行降水井管理运行,断电自动报警并切换发电机,节省电缆,减少用电风险。

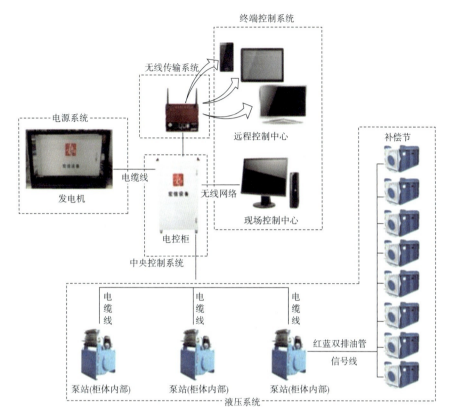

图4-30 伺服系统设备工作原理

气动降水工作原理及设备实物图如图4-31所示。

围护结构监测采用自动化监测,开挖期间对墙体深层水平位移、支撑轴力、地下水位、地下连续墙内力、墙顶竖向位移、墙顶水平位移等监测项目采用自动化监测;可以全天候、全时段采集监测数据,不受外界天气及人为干预的影响,符合去人力化的社会

绿色隧道

发展趋势，实时监测工作井开挖过程中基坑的变形情况，为施工提供有价值的指导性建议，确保基坑开挖期间的安全。结合BIM监测数据平台，实现监测数据的云存储、可视化及报警推动，可实时查看各监测点项目所在位置、状态、预报警情况等信息，并将监测成果信息推送各管理单位，以指导安全施工。

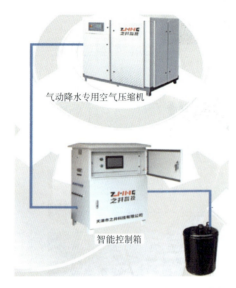

图4-31　气动降水工作原理及设备实物图

自动化监测原理图如图4-32所示，监测信息化平台如图4-33所示。

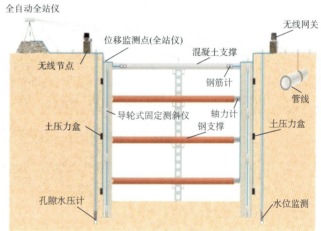

图4-32　自动化监测原理图

在基坑开挖前采用FGM（渗漏水检测技术），利用微电流技术手段，对围护结构的渗漏情况进行检测，提前探得渗漏薄弱点，可对渗漏进行风险点进行提前处理，将风险提前消除。FGM（渗漏水检测技术）原理如图4-34所示。

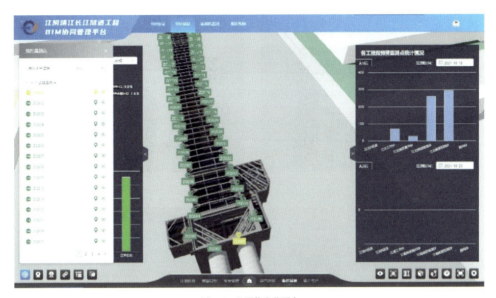

图4-33 监测信息化平台

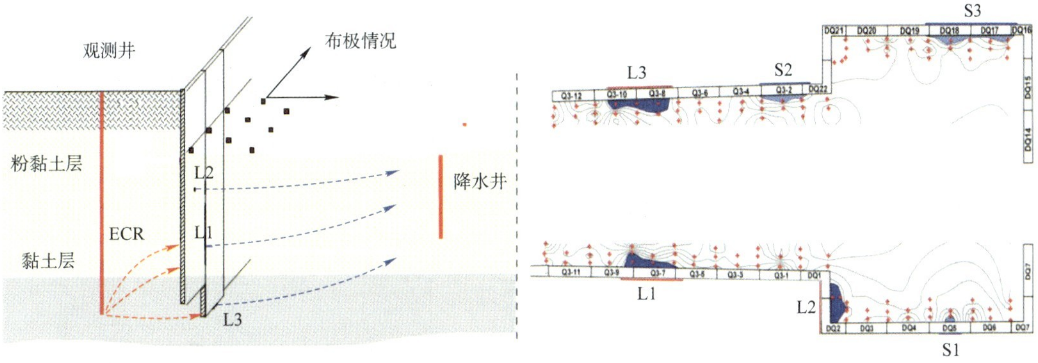

图4-34 FGM（渗漏水检测技术）原理

在现有产业工人管理模式中引入现有智慧社区概念，结合现场有智能化科技水平，建立智慧社区（图4-35）。设计采用人脸识别一站式服务系统，通过一次录入人脸信息（图4-36），实现后续的人员管理。人员工地和基坑出入上下、教育培训交底、班前班后讲评、人员考勤、就餐洗衣、超市购物、进退场录入、视频抓拍等均可通过人脸识别进行，进行大数据分析，实现一人一档资料真实，无法作假，进出场资料一键导出，有效解决人员考勤和工资问题。

在项目现场建设产业工人培训中心（图4-37）和安全积分超市（图4-38），将VR（Virtual Reality，虚拟现实）体验馆、安全体验馆、安全质量教育模块、体检室、教育培训室和安全积分超市进行融为一体的综合体，实现教育培训考核一条龙服务，通过员工参与日常安全培训测验、各类安全活动、现场安全管理等进行考核积分，在积分超市内进行通过积分消费。

图4-35 智慧社区管理

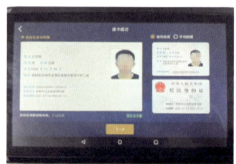

图4-36 人员信息录入

图4-37 产业工人培训中心

图4-38 安全积分超市与安全积分系统

社区内设置共享Wi-Fi，人员进行安全知识竞答正确后方可上网，将安全培训融入日常管理中。开发智能抓拍系统，通过AI（Artificial Intelligence，人工智能）技术，结合场地内在关键位置设置的监控摄像头、无人机巡航，抓拍常规的违规行为及安全隐患，推送报警。AI人脸识别抓拍如图4-39所示。

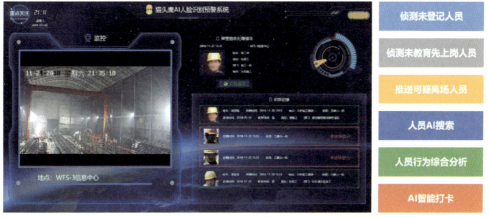

图4-39　AI人脸识别抓拍

安全关键材料如盘扣架、钢管、方木等材料进场后，在监理、质量中心的见证下进行原材取样送检，送检材料检测合格后投入使用，支架搭设完成后，项目部按三级验收制度逐级验收，自检验收合格后，向监理报验，验收通过后挂牌进行下一步施工。图4-40所示为支架验收现场。

图4-40　支架验收现场

在搭设支架的过程中，每搭设2层架子即满铺一层安全平网（防坠网，图4-41），在通道上方设置密目防护网，脚手板满铺固定，设置踢脚板，防止高空坠落事故及坠物伤人事故发生。支架搭设作业区等位置设置标准应急通道（图4-42）及指示牌，以确保在出现险情的情况下能够第一时间将人员撤离至地面，做好应急逃生管理，确保施工作业安全可控。

图4-41　安全平网

图4-42　支架搭设区域应急通道

　　针对盾构施工作业模式，严格落实岗前安全检查、作业前安全确认、工序前安全验收制度流程，每天落实班前讲评班后总结；为保证管片、箱涵吊装过程安全，各分区管理人员每天对门式起重机、起重带、起重机械进行检查，确保吊装安全（图4-43）。为保证盾构施工平稳顺利，建立点检、维修保养制度，并严格执行，利用各工序间隔时间加强对盾构机各零部件的检查及维修保养，不仅没有占用盾构推进拼装时间，而且有效保证了盾构机设备良好运转，实现了平稳施工掘进的目标（图4-44）。

　　为保证进入基坑与隧道人员安全，在下基坑、隧道口位置处安装人脸识别闸机，确保下基坑、进隧道人员数量清晰；项目部采购标准化基坑上下梯笼（图4-45）、加工定制式标准上下通道及步梯通道（图4-46、图4-47），保证人员上下通行安全。基坑内底板施工区域设置定制上下通道，方便工人安全通行。

图4-43　检查管片起重机械、门式起重机钢丝绳

图4-44　设备日常检查维修保养

图4-45　基坑上下梯笼

梳理出高风险环节，完善吊装作业管理制度，规范吊装令签认，由现场管理人员及时检查机械设备安全性能、各项保护是否齐全、吊索具安全状态是否正常等（图4-48），对设备行走区域进行围闭管理。现场配备使用可移动式吊索具存放架（图4-49），方便吊

绿色隧道

索具的归纳使用。为保障吊装散件材料的安全性,专门定制一批专用吊篮,散件材料使用专用吊篮进行吊装,减少散件吊装的风险。

图4-46　作业面上下通道

图4-47　支撑梁步梯通道

图4-48　检查吊装安全性

图4-49 可移动式吊索具、吊篮存放架

二、工程核心质量

在打造"平安百年品质工程",建设优质耐久的公路隧道的前提下,研究明挖隧道耐久性提升是一个综合和永久性的工程,事关隧道使用的永久安全。

明挖隧道的建设,可采用抗裂混凝土技术,解决隧道渗漏水问题,采用多方位综合技术利用,设计低水泥掺量配合比、采用低碱水泥、水洗粗集料技术,严控细集料含泥量和细度模数,采用制冰机、冷水机严控混凝土入模温度,采用智能测温系统监测混凝土内部温度联动喷淋养护即时调控等措施,可实现明挖隧道建设的不开裂,结合做好两缝及细部防水,做到隧道建设的不渗不漏。

混凝土温控系统如图4-50所示。

图4-50 混凝土温控系统

混凝土结构可采用清水混凝土,可在混凝土浇筑后,不再铺装任何涂装、贴瓷砖、贴石材等材料,表面喷涂防水保护膜后作为永久外露面,通过综合技术措施,严控粉煤灰质量和颜色,对模板体系深化设计,优化涂膜剂涂刷工艺和混凝土振捣工艺,采用苏博特专利清水混凝土保护剂进行喷涂,建设出内实外美的清水混凝土。清水混凝土成型效果如图4-51所示。

图4-51 清水混凝土成型效果

在明挖隧道盾构始发井和接收井处，针对密闭空间极难浇筑混凝土的实际情况，可采用自密实混凝土技术进行施工，在常规的混凝土中添加流变剂使混凝土达到600~680mm的大流动度状态，使混凝土在不振捣状态下也可达到密实填充和强度要求，结合自密实混凝土施工工艺、抗裂混凝土技术，可达到在密闭空间极难浇筑的混凝土也可达到不渗漏的效果（图4-52）。

图4-52 成型结构效果

混凝土保护层控制是混凝土耐久性关键控制指标之一，但保护层的控制同样是现浇混凝土的一个施工难题。施工过程中可对各个工序进行细分，细化各个工序涉及保护层的指标，定制专用工具（例如保护层卡槽），通过精细化管理施工将保护层合格率控制到位，既满足结构的受力性能要求，又满足混凝土工程的耐久性要求。图4-53所示为混凝土保护层控制中的钢筋间距控制现场图。

图4-53 钢筋间距控制

传统的地下隐蔽工程施工，工序多且转换快，施工过程控制难度大，对常用的三轴搅拌桩、高压旋喷桩等可安装施工记录仪，对施工过程中的流量、进尺及上提速度、垂直度、位置等关键指标进行记录，实现隐蔽工程施工过程的可视化。图4-54所示为地基加固智能系统。

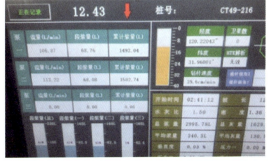

图4-54 地基加固智能系统

盾构隧道的建设，在以往惰性单液浆的基础上，可升级为双液浆模式，能够实现管片从盾尾脱出时背部的密实填充，在短时间内形成一道固结体，限制成型管片的位移与上浮，达到快速稳定的效果，有效抑制盾构施工的沉降，提供一道有效的隧道防水屏障，并且能够改善隧道的成型效果，同时可提高对地表及周边建构筑物的沉降控制精度，具有显著的社会效益与经济效益，实现超大直径盾构机、高水压下掘进。同步双液注浆原理如图4-55所示。

盾构隧道防水体系（图4-56）在以往常规做法上进行创新，管片接缝防水采用双道密封垫防水系统，采用海绵橡胶条+双道三元乙丙弹性密封垫+聚醚聚氨酯遇水膨胀止水条，嵌缝采用泡沫橡胶棒与聚硫密封胶，加强接缝防水；管片背后采用环氧树脂防水涂料，解决管片背后可能存在的裂缝和渗水问题；管片混凝土添加高强高模聚丙烯纤维，

绿色隧道

可明显改善提高混凝土的抗渗、抗裂、抗冲击、耐磨、抗冻等性能，提高混凝土的强度和变形能力，以及管片混凝土耐久性和防水能力。通过采用外侧双道密封垫加设遇水膨胀止水胶、封闭式内部结构、管片嵌缝、外防水涂料、加强管片混凝土等多道设防的隧道整体防水方案，增强隧道的防水能力和耐久性。

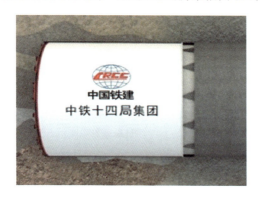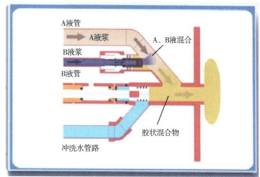

图4-55 同步双液注浆原理

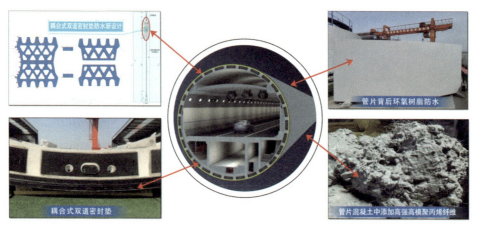

图4-56 盾构隧道防水体系

管片生产、拼装均采用精细化施工（图4-57），模具采用高精度激光扫描仪定期检测，生产后同模具进行预拼装验收，混凝土管片全过程生产、运输、拼装按"同环同模"控制，拼装过程中严格把控拼装精度，拼装后进行激光检查验收闭环，在精细化过程控制中，提高成型隧道精度，减少隧道受力不均情况，打造"平安百年品质工程"。

三、工程绿色建造

绿色建筑目的在于实现全寿命周期"绿色"，对环境友好，实现人、自然、环境、经济的可持续发展。隧道的建设，在实现全寿命周期"绿色"方向，可多方向进行实施。江苏省交通工程建设局践行"绿色隧道"理念，在建、管、养三个阶段均实施策划，落实绿色管理手段。

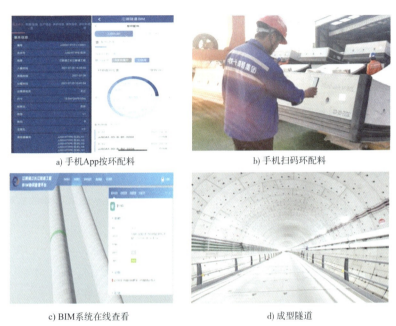

a) 手机App按环配料　　　　b) 手机扫码环配料

c) BIM系统在线查看　　　　d) 成型隧道

图4-57　管片精细化施工

建设期间，采用BIM平台，在前期设计阶段进行可视化设计和协同设计，采用BIM进行方案比选、协同设计、碰撞检查、性能分析、管线综合、出施工图等，可带来显著的工期和造价效益。建造过程中，安全、质量、设计、计量、文件等流程全过程在线统计管理，实现无纸化办公。BIM平台架构示意图如图4-58所示。

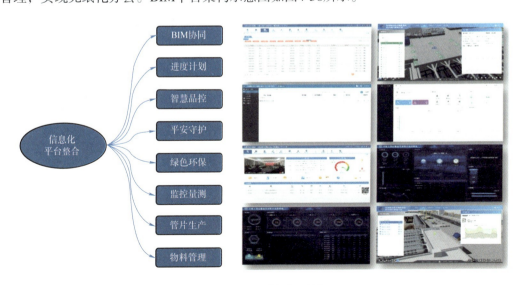

图4-58　BIM平台架构示意图

绿色隧道

建立现场施工人员定位系统（图4-59），可以实现实时监测、安全保障等功能，通过实时获取施工人员的实时位置、判断工程施工人员的出勤状态、工作状态，分析施工人员在具体工种的工作时间、工作效率，保障施工人员的安全、提供紧急状态下的处置方案的数据支撑；同时通过与摄像头系统的联动，及时发现和确认异常，及时提供针对性极强的干预，保障项目的规范和安全。

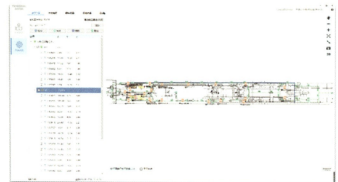

图4-59 现场施工人员定位系统

采用智能机器人流水线钢筋设备和构件加工车间，既实现了构件的标准化，也实现了节能减排（图4-60）。

图4-60 智能机器人流水线钢筋设备、构件加工车间

在现场布置环境监测与喷淋降尘、污水处理在施工现场，采用数字信号进行关联，实行智能联动机制，实现超标即开，实时响应环境问题（图4-61）。

对盾构泥浆采用绿色处理工艺，进行筛分、压滤和离心处理，回收清水用于再次拌浆，回收粗颗粒用于砂浆和混凝土拌制，回收细颗粒用于青砖的烧制，形成完成的泥浆再利用环路（图4-62）。

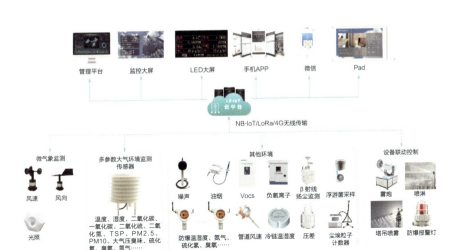

图4-61 环境监测联动系统

图4-62 盾构泥浆绿色处理

施工现场设置大型集水坑和水桶，回收雨水和基坑降水进行存储待利用，场地冲洗、混凝土养护、混凝土拌制等过程，可以利用存储水，从而达到节约资源的目的。场地冲洗及洗车池处设置五级沉淀池，持续对中水再循环再利用（图4-63）。

图4-63 水资源再利用

在生活区屋顶布置太阳能板，采用太阳能供应生活区部分用电，现场照明采用LED节能灯，达到低碳环保的目的（图4-64）。

图4-64　太阳能供电

工地围挡全封闭外围砌筑园林式实体墙环绕场地四周连续设置，内部采用硬质封闭围挡（图4-65），高度均不低于2.5m。场地内的施工区域，本着集中加工存放、封闭施工的原则，对钢筋加工场、拌和站、物资仓库、管片存放场均进行封闭管理，减少对环境的影响（图4-66）。

图4-65　围挡封闭

图4-66　场站管理

采购大型洒水车、扫地车，各班组按要求配备保洁人员，负责对工地的打扫、洒水、保洁。施工现场出入口、场内主要道路、主要操作场地以及生活、办公区主要道路全部进行硬化处理，承载力满足车辆行驶和抗压要求，及时洒水降尘，保持路面湿润、清洁。

四、工程智慧装备

随着bdu盾构隧道随直径的增加，施工风险呈几何级数增长，在穿越长江过程中，地下地质未知因素大，一旦在江底出现问题，则施工风险将不可控，处理起来难度倍增。为解决大直径盾构安全性方面的问题，江苏省交通工程建设局在各个关键环节通过集合最强科研单位、最强盾构机厂商、最强施工方，联合采用关键核心技术解决盾构风险。

在盾构机上安装SSP-E超前地质预报系统，该系统是世界上唯一一种能够完全与盾构机整合在一起的智能化地质超前预报系统，所有组件都可以在常压下更换。该设备与盾构机整合在一起，对空间的占用极小，可在管片拼装期间对掌子面前方40m内的异常物体进行测量，测量数据可自动计算处理，有效探测盾构机前方异物，及时发现提前处理，解决盾构机前方实时在线"眼睛"的问题，降低掘进期间未知风险。SSP-E超前地质预报系统探测原理图如图4-67所示。

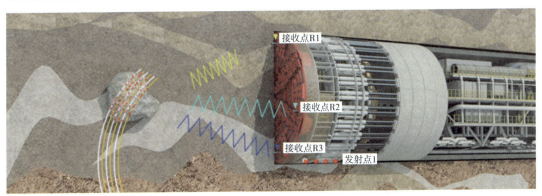

图4-67 SSP-E超前地质预报系统探测原理图

在大直径盾构机上采用常压换刀技术，刀盘辐臂可以在常压下进入作业。在不降低悬浮液液面的情况下，即可在刀盘内更换磨损的刀具，可以避免为维护大直径隧道掘进机挖掘刀具在高压环境下长时间作业而带压进仓换刀的风险。刀具更换原理图如图4-68所示。

盾构机上配置刀具磨损探测技术，在常压刀盘上设计可更换式磨损检测刀和温度检测传感器。磨损检测刀内部嵌入光纤磨损传感器，光纤磨损传感器出线连接在光纤解调

绿色隧道

仪进行光纤的数据解调，无线采集模块和光纤解调仪进行连接并采集数据，把数据通过无线传输方式发送至光纤磨损无线接收模块。同时，通过有线连接方式连接在计算机上，通过相关算法进行解析，并计算出实时磨损量。利用 T 型热电偶传感器嵌入在刀盘上，无线采集模块实时采集温度数据，并通过无线网络发送至无线接收模块，无线接收模块把接收的数据实时发送至 PLC（Programmable Logic Controller，可编程逻辑控制器）中，上位机实时显示相关温度数据，及时发现刀具存在的问题，及时处理，达到"未病先防"的程度。磨损及温度检测原理图如图 4-69 所示。

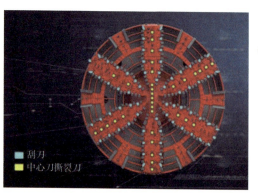
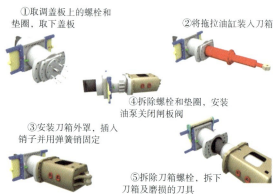

图4-68 刀具更换原理图

盾构机刀盘内设置可伸缩蛇形摄像头（图4-70），可以从盾构机操作室内获取开挖仓内轴向全角度可移动视野，根据设定好的程序，实时自动显示开挖仓不同位置和角度的画面，作为操作人员分析判断的有效且直观的依据。

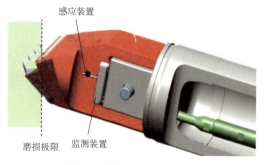

图4-69 磨损及温度检测原理图

盾构机配置防爆系统，对主要构件进行防爆设计，远程遥控装置、照明、备用发电机电池、VMT（隧道掘进导向系统）、所有电箱及电缆接头、气垫舱及人舱内的所有电气部件、通信系统、刀盘控制面板、有害气体预警系统等，并结合采用新型大功率风机，降低江底未知可燃气体风险。其中，有害气体检测传感器如图4-71所示。

为保证预制件管片的准确性，对预制件模具进行细致检测很有必要。随着时代的发展与科技的进步，检测技术也在不断地完善进步，模具制作的精确性对预制件的生产有很大的影响。三维激光扫描仪作为新时代精度最高、扫射范围最全面的检测仪器，对模具精确性的检测有很大的作用。管片模具激光扫描现场图如图4-72所示。

图4-70 可伸缩蛇形摄像头

图4-71 有害气体检测传感器

图4-72 管片模具激光扫描现场图

盾尾后部位置装有管片壁厚注浆扫描仪,采用地质雷达对管片后部浆液饱满程度进行实时查看分析,根据分析结果调整注浆参数,保证注浆填充效果,有效控制成型隧道上浮和盾构机姿态控制。壁厚注浆扫描仪原理及实物图如图4-73所示。

绿色隧道

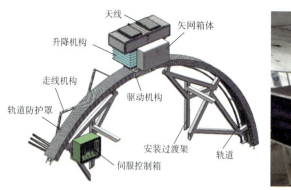

图4-73 壁厚注浆扫描仪原理及实物图

激光导向系统通过采集原始的测量数据，经过转化和计算，在显示器上以数字及图像的形式直观地显示盾构机的实时姿态，实时显示测量数据、盾构机姿态，确保可平滑、快速地操作盾构机，保证管片拼装质量。激光导向系统原理及监测界面如图4-74所示。

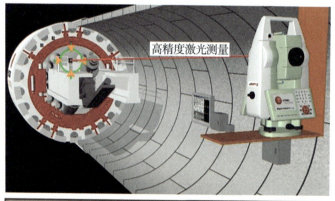

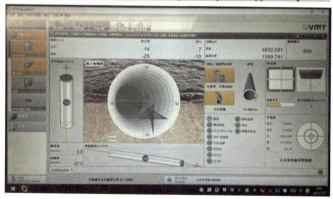

图4-74 激光导向系统原理及监测界面

采用盾尾间隙自动测量系统测量出盾尾间隙，管环选型系统考虑隧道设计轴线、管环设计、盾尾间隙、油缸行程、机器姿态与方向等,选出最优的管片选型点位。同时,在盾尾间隙系统的协助下,现场人员无须在盾构机盾尾附近进行盾尾间隙的手动测量工作,从而减少人员的安全隐患。盾尾间隙测量原理如图4-75所示。

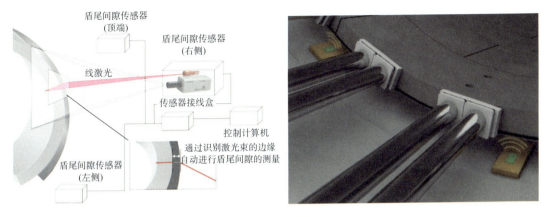

图4-75　盾尾间隙测量原理

第五章

生态：绿色建造，节能降碳

2021年10月24日，国务院印发《2030年前碳达峰行动方案》（国发〔2021〕23号），聚焦2030年前碳达峰目标，对推进碳达峰工作作出总体部署。隧道建造行业应通过以节约资源、保护环境为核心，以绿色设计、精细管理、科技创新为抓手，促进原有"资源消耗大、污染排放高、建造方式粗放"的建造方式向"绿色、节能、高效"的新型建造方式升级。

发展绿色建造要从绿色策划和绿色设计抓起。施工方在制订工程施工方案时，要充分考虑到各类因素，为绿色施工创造条件。例如，充分考虑施工临时设施与永久性设施的结合利用，实现"永临"结合，减少重复建设；选用高性能材料，延长建筑使用寿命，降低部件更换频次，实现源头减排；建立涵盖设计、生产、施工等不同阶段的协同设计机制，避免设计中的错漏碰缺，减少返工浪费等，达到节约资源、保护环境的目的。

发展绿色建造，要构建起科学系统的精细化管理体系。当前，我国隧道建造行业仍是典型的劳动密集型产业，整体信息化程度低，建造过程的组织管理还不够集约和精细，导致施工过程中还存在资源损耗大、污染排放高、环境破坏严重等情况。因此，发展绿色建造，必须推行精细化管理，最大限度节约资源与减少对环境产生负面影响的施工活动，通过精准把控施工生产全过程，实时盯控施工各环节，减少施工对环境的破坏和资源浪费。

发展绿色建造要以科技创新为引领，推动建筑业向低碳节能转型。智能化装配式建筑成为绿色建造的必选项，通过"智能化+装配式"的发展模式，构建起BIM技术精细设计、工厂智能化生产、现场自动化安装的智能化装配式建筑体系。在发展装配式建筑的同时，绿色建材的研发和推广也要及时跟上。作为工程建筑的基石，绿色、低碳、无污染的建筑材料是发展绿色建造的重中之重。通过研发新材料、创新建材生产技术来降低建材生产能耗、减少碳排放，牢牢把紧建筑源头"绿色关口"，以实际行动当好绿色低碳循环发展的探索者、实践者。

第一节　资源利用

一、资源节约再利用措施

1. 节地与施工用地保护

隧道施工对场地的要求较高。首先，隧道洞口场地一般较为狭窄，隧道施工的机械设备和材料较多且集中，如盾构隧道需要盾构始发的和接收的工作井、盾构施工配套的场地（如管片箱涵等预制件堆场）。在大直径盾构施工中，如箱涵等大尺寸不方便运输的预制件甚至需要在现场加工。其次是渣场，负责存放盾构施工中产出的渣土，泥水盾构则需要泥浆处理设备及泥浆池，这些都是需要围绕着盾构始发井周边布置。如沉管法隧道干坞场地规模很大，通常坞内设有混凝土拌和站以及集料、水泥、钢材等各种原料的堆放场地。同时布设与仓库、各种机械加工车间之间的交通、供电、防火与防洪等应急物资。明挖法隧道两边的施工便道占地面积也较大。

合理布置施工现场是隧道施工中土地节约的重要措施。施工期间各类设施应统筹规划，合理布置，并实施动态管理。同时要严格按照规划范围内施工，严格控制施工用地。具体措施如下。

1）毗邻空间利用

在隧道开发建设中，需结合地下空间综合开发绿色理念进行规划，实现地下空间的立体开发和协同建设，即隧道毗邻空间的复合利用。隧道毗邻空间二次开发难度大、浪费严重，必须建立开发利用的系统技术，指导地下空间规划建设。

拆桥建隧实现绿色发展。通过隧道的建设，将原有的地面道路、高架道路改为城市绿化带，有效提高城市的绿化率以及周边居民的生活品质，从而大大提高周边土地的商业价值，实现绿色与经济的双丰收。

2）材料堆放场地和材料库布置

材料分批进入现场，减少堆放用地量。各种大堆材料的堆放，应结合混凝土搅拌站、水泥库以及材料加工场一起规划；各种大宗材料场的布置，除了与水泥库、材料加工场形成流水作业线外，还要考虑各种材料的进场线路方向，按照不同材料、规格、品种分类布置堆放；使材料运进工地方便，易于卸车，靠近使用地点，便于加工搬运和施工使用等，并注意防洪防潮或防火的要求。

（1）砂石料堆放和水泥仓库均应和混凝土搅拌站布置在一起。砂石料场要充分利用既有地形，注意供料方便。堆料场地面积，应考虑汛期的存放储量，寒冷地区冬季施工可设置地坑。如洞口处地形狭窄，则可在就近开阔处布置砂石料堆放场地。水泥仓库内水泥应分类堆放，先到先用，进出方便，以确保水泥不过期硬化。另外，要做好防洪防潮工作。

（2）木材仓库和木材加工场应布置在一起，并靠近道路。要充分注意防火的要求，木工车间等易燃建筑物应位于场地的下风向，并与其他建筑物保持一定的距离。

（3）钢材仓库与钢筋加工场地应布置在一起，以便于加工和主体工程使用。

（4）减少现场非必要的加工场地，如：泥浆管、水管和支架等周转材料及加工件可采取工厂化生产，减少现场加工场地。

（5）施工现场物料堆放应紧凑，做好规划，要充分利用场地已有空间，如：在基坑开挖结束后主体封顶后，可利用顶板区域作为后续施工的材料堆放区。

3）泥浆站的设置要求和选位

（1）盾构施工中泥浆站相对占地面积较大，传统的混凝土泥浆池对场地的要求较高，作为一次性的泥浆池，在制作时需要对地下基础进行开挖，项目结束后还要对泥浆池进行破除和回填。采用钢结构泥浆池可省去泥浆池地下基础开挖步骤。

（2）钢结构泥浆池可循环利用，而混凝土池为一次性；使用结束后省去泥浆池凿除及回填步骤；钢制泥浆池采用浓缩机配合渣浆泵处理沉淀，而混凝土池需定期用挖机清理沉淀并外运；钢制泥浆池配套渣浆泵均设置在地面，使用维护方便，而混凝土泥浆池渣浆泵的安装需设置泵坑，工作量巨大，同时钢制泥浆池占地面积要远小于混凝土泥浆池。

4）弃渣场地及卸渣道路布置

弃渣场地应根据卸渣方法、弃渣总量、利用方案和地形条件综合进行布置，并尽量不占或少占耕地，尽量离开洞口，拐向河岸下游，以防妨碍洞口桥梁墩台或其他建筑物，同时应利于填平扩大施工场地，如使用洞内弃渣作石料时，要考虑取用方便。

（1）地容量足够大，且出渣运输方便，优先考虑弃渣作洞外路基填方和桥头路堤填土，其运距相对较小。在基坑施工和盾构掘进过程中应严格控制土方开挖量，最大限度减少对土地的扰动，保护周边自然生态环境。同时对施工中需要进行回填处理的地方，可充分利用开挖的土方，从而达到节约土地的目的。

（2）不得占用其他工程场地和影响附近各种设施的安全，应注意环境保护。

（3）不得影响附近的农田水利设施，不占或少占农田。填平山坡荒地作施工场地，防止突发洪水冲毁，危害下游农田或村庄；当隧道弃渣必须占用农田时，待弃渣完毕后再将原种植土覆盖，以恢复耕种。

（4）顺沟弃渣而不得堵塞河道和沟谷，防止抬高水位和污染水质等。

（5）弃渣场不得位于古滑坡体等不良地质体和不得影响其他工程（如桥墩、桥台）等的施工，弃渣体坡脚必须按永久工程予以防护。

2. 节水与水资源利用

隧道施工中水的用量非常大，除了生活用水外，施工用水成为主要用量，如生活及施工场地日常清扫，现场喷淋降尘，混凝土、衬砌、箱涵、烟道板等养护级清洗，现场泥浆站泥浆制备，搅拌站混凝土、砂浆拌和等，这些工序对清水的需求非常大，如何节约用水、充分利用水资源，达到循环利用成为节约用水的关键。具体措施如下。

1）提高用水效率

（1）施工中采用先进的节水施工工艺，如：混凝土表面采用草垫、覆膜，混凝土养护时可在水管出水口增加喷头进行淋浴，达到减少水用量和水流失的效果。

（2）施工现场喷洒路面、绿化浇灌不宜使用市政自来水。应采取有效的节水措施，严禁无措施浇水养护混凝土。如：在现场搅拌机、车辆清洗处、隧道排水口设置沉淀池，排出的废水经二次或三次沉淀后，供二次使用或派作其他用场。

（3）施工现场供水管网应根据用水量设计布置，管径合理、管路简捷，定期对用水器具进行检修，减少管网和用水器具的漏损。

（4）现场机具、设备、车辆冲洗用水必须设立循环用水装置。施工现场办公区、生活区的生活用水采用节水系统和节水器具，提高节水器具配置比例。项目临时用水应使用节水型产品，安装计量装置，采取有针对性的节水措施。

（5）施工现场建立可再利用水的收集处理系统，使水资源得到梯级循环利用。

（6）施工现场分别对生活用水与工程用水确定用水定额指标，并分别计量管理，现场设置节水警示标牌。

（7）现场喷淋采用智能控制，根据现场扬尘管控智慧工地系统，可对施工现场扬尘情况进行24h不间断监控；同时系统与雾炮机、喷淋降尘设施联动，减少长流水节约用水。

2）非传统水利用

（1）优先采用中水搅拌、中水养护，有条件的地区和工程应收集雨水养护。

（2）处于基坑降水阶段的工地，宜优先采用地下水作为混凝土搅拌用水、养护用水、冲洗用水和部分生活用水。

（3）用于现场机具、设备、车辆冲洗、喷洒路面、绿化浇灌等用水，优先采用非传统水源，尽量不使用市政自来水。如：施工现场设置雨水收集利用系统，通过现场排水沟将雨水收集到排水坑内，通过沉淀处理后用于施工和生活中适宜的部位；生活区设置污水处理一体机，采用隔油池、四级沉淀池和化粪池处理之后汇流到污水处理一体机，进行污水处理，处理完成后用于现场循环利用。

（4）中水回用系统。隧道中水回用系统是将地下涌水、养护用水、施工用水等经过深度技术处理，去除各类杂质和污染水体的有毒、有害物质及重金属离子，消毒灭菌，其水体无色、无味、水质清澈透明，且达到或好于国家规定的杂用水标准，应用于冲厕、道路清扫养护用水、消防用水、城市绿化、工业补水、循环水等杂用水，既能避免污染环境又可以保证其他用水的需求，达到节能环保、循环利用的效果。

3. 节材与材料资源的利用

建设项目建造需要大量的材料资源，只有通过节约材料才能降低项目损耗。根据使用进度提前做好材料计划，合理安排材料的采购、进场时间和批次，减少库存，材料堆放整齐，一次到位，减少二次搬运。同时强化技术管理，对传统施工工艺进行改进，大力推行废旧材料再生循环利用，开展建筑垃圾的无害化处理及利用，积极应用节材施工工艺，实现资源高效利用。具体措施如下。

1）合理编制材料计划

（1）根据施工进度、库存情况合理安排材料的采购及进场管理。施工现场材料堆放场地进行合理布置，大型构件、设备、钢材、砌体材料等尽量做到一次就位卸货，避免或减少二次搬运中的遗洒、损坏、污染。

（2）尽量就地取材，施工现场500km以内生产的建筑材料用量（如：钢材、水泥、砖、砂石等）占建筑材料总用量的70%以上。施工材料本地化是降低材料运输过程中资源和能源消耗、减少环境污染的重要手段之一。在施工过程中应优先选用本地生产的施工材料，提高本地施工材料所占比例。此项节材措施在《绿色建筑评价标准》（GB/T 50378—2014）第7.27条、《云南省绿色公路评价标准》（DB53/T 449—2013）第5.3.4.4条中均被提及，是最有效直接的绿色施工节材措施。

（3）依照施工预算，指定限额领料制度，对各施工班组所使用的材料进行严格把控。

（4）施工中应优先选用绿色、环保和建筑垃圾再生材料，限制和淘汰落后材料。

（5）建立一种信息共享及互助共赢的机制。对于工程建设项目中的材料需求计划等涉及相应供应商的事务而言，当签订了相关的合同之后，应尽快将具体的信息传达给供应商，这样做的目的主要有两个：①供应商得到了建设单位的材料信息之后，在生产材料的时候就会有目的性地进行，同时也能根据进货要求来生产，从而提高了产品的符合度，有效避免了盲目生产而造成的货物不足或者堆积。②准确的货物需求计划，能让供应商及早做好准备，从而保障交货时可以保质保量，同时也是降低供货成本及协助供应商管理产品的一种有效手段。

2）节省材料的使用、循环再利用

（1）宜推广使用高强度钢材、高强度钢筋，降低材料消耗。如泥浆池采用钢结构可拆卸结构，与传统的混凝土泥浆池相比占地面积小，可减少开挖和回填的过程，节省混凝土和钢筋等材料。

（2）对办公生活区地面硬化和临时道路采用可周转的块材（如：水泥砖、广场砖）铺设，可二次拆除重复利用、方便、对环境污染小。

（3）现场钢筋及木工加工棚采用可周转重复利用的工具式防护棚，以替代传统的钢管搭设的防护棚，杜绝钢管随意切割制造成品钢管损坏及损耗。

（4）现场方木采用接长再利用技术和废旧木料再造方木技术，订购专用对接机和包钢方木加工机，对现场废旧方木进行二次接长，提高方木利用率。

（5）施工现场临时办公、生活用房应利用既有设施。临建设施宜采用工厂预制、现场装配的可拆卸、可循环使用的构件和材料。现场围挡应最大限度地利用已有围墙，或采用装配式可重复使用围挡封闭，以提高临时用房、临时围挡材料的可重复使用率。

（6）降低施工办公耗材，能用电子文档的尽量避免纸质载体，如：施工日志、施工日报表、会议纪要等。

3）隧道衬砌材料的应用

喷射混凝土是隧道初期支护体系的重要组成部分，施工过程中，喷射混凝土在喷射机的作用下多次、分层地喷敷到隧道围岩表面，形成具有一定厚度和韧性的"柔性支护层"，用以加强隧道围岩的稳定性。而混凝土在喷敷过程中会不可避免地出现回弹（回弹的混凝土量占总喷敷量的比例，称为回弹率）。因此，采取措施尽可能降低回弹率，不仅满足绿色施工节材理念，同时能够降低隧道初期的支护成本。

在高速铁路隧道施工过程中，可依据隧道所处地质条件采取以下节材措施：

绿色隧道

（1）用钢纤维加强喷射混凝土。钢纤维混凝土是指在隧道喷敷混凝土中添加特定性能的钢纤维，可有效提高喷敷混凝土的抗压、抗折、抗弯和耐冲击性能，同时可降低回弹率5%~9%。

（2）选用SEC（水泥裹砂）喷射混凝土。选用SEC喷射混凝土是对干喷法的改进，可以有效提高隧道喷敷混凝土的强度、密实性以及质量均质性，具有回弹率小、粉尘含量低、工效高、水泥消耗量小的特点，可节约成本20%以上。

（3）选用湿喷法施工。隧道施工中采用湿喷工艺代替传统意义上的干喷工艺，是隧道围岩施工技术的进步，混凝土干喷法存在劳动强度大、功效低、回弹率大、粉尘多、耐久性差等缺陷，而湿喷法能够克服以上缺点，在有效提高施工工效的同时，大大减少施工材料消耗。

4）改良土填料、混凝土拌和站采用信息化配料

随着我国高速铁路建设标准的不断提高，铁路工程每一分项工程的质量要求也被不断提高，改良土填料拌和站、混凝土拌和站作为能够直接决定工程项目质量等级的材料输出点，传统意义上的拌和技术配料精度低、材料浪费严重、产品性能被削弱，已经远不能满足工程施工质量要求。为了改变这一现状，在改良土拌和站、混凝土拌和站、钢筋加工场地引入信息化技术，确保实现计量、配料、加工数字化、信息化。

5）采用BIM技术精细化节材

BIM技术作为目前被推广应用的先进施工技术之一，目前已成功应用于房屋建筑工程、地铁车站工程等施工项目当中。施工材料精细化计算是BIM技术的优势之一，它通过运用BIM相关软件对铁路主体工程的精细化建模，在施工前计算出精确的工程量，提前避免出现设计变更而导致的返工，从而有效节省不必要的材料浪费。

具体实施过程中可利用BIM技术精细化内部钢筋模型、钢结构模型、预应力管道模型、冷却水模型，为内部结构空间结果的碰撞检查提供技术支持，有效避免预应力管道和钢筋、钢结构和钢筋、冷却水管道和钢筋的冲突，并为之寻找解决预案。

6）优先选用预拌砂浆、散装水泥

砂浆和水泥作为构成高速铁路主体结构和附属工程的主要实体材料，消耗量巨大，传统施工模式下采用的现场制作砂浆以及袋装水泥在生产过程中无谓浪费严重的同时对环境造成了极其严重的破坏。因此，在高速铁路施工过程中推广应采用预拌混凝土和散装水泥，在保证工程质量的同时减少施工现场噪声、粉尘污染，节约能源、减少材料损耗。主要意义如下：

（1）现场拌制砂浆存在计量不准确、原材料质量不稳定的缺点，投入运营后易形

成空鼓、龟裂等质量问题，且材料浪费率高；采用预拌砂浆可有效解决上述问题，在满足砂浆保水性、和易性、强度和耐久性要求的前提下，节约砂石15%~30%，节省水泥10%，可节省综合费用10%。

（2）相比每生产1万t袋装水泥，散装水泥可节约木材330t、烧碱22t、煤78t、水1.2万m^3、电7.2万kW·h，减少破损率5%，减少10%~20%的水泥扬尘颗粒物，每1万t散装水泥约节省［纸袋（或塑编袋等）、搬运、拆袋、破损等］综合费用达64万余元。相比袋装水泥存放12个月强度降低可30%~50%的弊端，散装水泥则在储存期强度等级不下降。

7）装配式结构的应用

装配式施工技术在施工效率、施工质量、施工成本和安全环保等方面均体现出了巨大优势。预制构件的工厂化生产大幅减少了现场作业量，从而减少了粉尘和噪声污染，在降低对周围居民生活不良影响的同时，也最大限度地避免了对环境的破坏。装配式施工不仅改善了劳动环境，也提高了施工现场的安全性。此外，预制构件的定点化、流水线式的生产方式可有效节约资源、减少建筑垃圾和废弃物的排放。

目前，装配式隧道衬砌主要应用于综合管廊、大直径盾构隧道、地铁车站和矿山法隧道。与传统现浇混凝土综合管廊相比，装配式综合管廊不仅施工效率高，其施工成本也可降低20%~30%。此外，还可采用波纹钢管涵代替常规的钢筋混凝土地下管廊。波纹钢管涵具有良好的横向位移补偿功能，可消除地震、不均匀沉降等原因造成的应力，制作管廊的钢材在经过有效的防水、防腐、防锈蚀处理后，可大大延长综合管廊的使用寿命。

预制墙板是工厂集中标准化生产的成品，现场不需要再进行混凝土搅拌等施工操作，扬尘、积水、噪声自然也就没有了。传统的砌墙工艺被标准化的预制墙板所替代，脚手架换成电动式提升架，可循环使用的铝模替换了原来只能用一次的木模。相比传统建筑，装配式建筑具备可拆解、可移动、可重组、可循环利用等特性，高度契合低碳建造、绿色建筑和循环经济的建筑业发展趋势。

二、工程案例

1. 节地与施工用地保护

以江阴靖江长江隧道项目为例，节地与施工用地保护措施有：

（1）利用BIM技术建模计算，制定科学合理的施工用地规划方案，并根据平面布置图，合理布置材料堆放区、半成品堆放区、加工区等。

（2）办公区和生活区（图5-1）均采用3×6m的2层集成率高的箱式活动板房，共计节约用地5647m²。

图5-1　生活区宿舍

2. 节水与水资源利用

以江阴靖江长江隧道项目为例，节水与水资源利用措施有：

（1）供水管网（图5-2）布置合理、洗漱用水管连通墩布盥洗池，确保水源二次利用；项目的节水型器具安装使用率达到100%，共计安装412只节水型水龙头（图5-3）；办公区、生活区分别装水表定期考核，做到各施工阶段的耗水量与目标值进行定期对比分析、查漏补缺。2021年度办公区和生活区共计节约用水481m³。

图5-2　用水管网

图5-3　节水型水龙头

（2）施工现场打设降水井（图5-4），安装增压泵与储水罐，满足施工围栏喷淋25h日常用水，避免自来水的大量使用，且施工围挡采用花洒喷淋的形式（图5-5）。2021年度围挡喷淋节约用水2100m³。

图5-4　降水井控制泵

图5-5　围挡喷淋

（3）施工现场使用2台XMYZS 250/1250-30U型板框式压滤机（图5-6），可压滤施工场地内桩基施工产生的泥浆，压滤产生的清水储存于现场水罐中用于桩基施工和洒水车日常用水。2台压滤机单次最大处理泥浆的能力为76m³，处理时间为1.2~1.6h，产生60m³清水，不仅可以满足现场3台12m³东风多利卡国六洒水车日常用水需求，更进一步保障了施工现场内部喷淋系统的储备用水。经计算，项目桩基方量约为5000m³，桩基施工产生废浆约1500m³，得到1125m³的中水。废水收集利用系统如图5-7所示。

图5-6　板框式压滤机

图5-7　废水收集利用系统

3. 节材与材料资源利用

以江阴靖江长江隧道项目为例，节材与材料资源利用措施有：

（1）在接收运输的材料时，根据材料名称、型号、数量、质量采取点数、丈量、过磅、量方等方法进行验收，严令禁止估算估收等不负责任的行为。

（2）在材料进场后及时办理材料验收入库，建立入库单台账，填写材料的名称、数量、规格、型号、品牌、入库时间；建筑材料按平面布置图堆放，砂石成堆、钢筋半成品分规格码放，并且做好标识，做到不混不串，清底使用（图5-8）。

图5-8　材料储存

（3）材料节省。优化钢筋配料和钢构件下料方案。钢筋及钢结构制作前对下料单及样品进行复核，无误后方可批量下料。如利用广联达建模进行钢管支架布设及工程量计算，降低周转材投入。

（4）材料利用。利用之前拆迁房屋废弃的砖块作为原材料，建设明挖暗埋段便道、砌筑排水明沟，拆迁区废弃砖块回收利用率不低于90%，回用量约为200m³。

（5）提高混凝土利用率。在混凝土拌和站安装砂石分离机（图5-9），在混凝土搅拌运输车（图5-10）上安装接料斗，可确保搅拌运输车内残留混凝土的清洗分离和回收利用。2021年度共计回收利用50t废弃混凝土。

图5-9　拌和站砂石分离机　　　　图5-10　混凝土搅拌运输车接料斗

（6）充分利用施工过程中产生的钢筋废料。利用钢筋废料池内的废弃钢筋边角料共计制作56个2m×2m的雨污水井箅子（图5-11）；利用槽钢边角料共计制作50个材料分隔栏（图5-12）。

（7）在施工现场设置泥浆周转仓（图5-13）和筛沙机（图5-14），不仅确保了槽口泥浆内泥浆循环利用率不低于75%，而且滤泥筛出的沙子可用作施工现场消防用沙和防汛沙袋用沙，大大减少了购买费用，为2021年度共计节约费用1万元。

图5-11 雨污水井篦子

图5-12 材料分隔栏

图5-13 泥浆周转仓

图5-14 筛沙机

4. 废弃土再利用技术

以南京纬三路过江通道为例,废弃土再利用技术措施有:

全线路采用废弃土再利用技术,包括废弃淤泥质黏土和泥浆再利用、废弃粉细砂再利用、废弃砾砂、卵石和碎岩再利用,根据工程实施情况,对每一类废弃土再利用所节约的材料、数量进行计算,然后扣除再利用工艺所增加的费用(如在砾砂、卵石和碎石利用过程中,扣除水洗、运输、储存场地租金等费用),得到最终所节约的成本,见表5-1。

南京纬三路过江通道废弃土再利用经济效益统计　　　表5-1

废弃土	用途	节约材料及数量	节约成本(万元) 单项	合计
淤泥质粉质黏土	泥浆材料	膨润土1650t,增黏剂48t	220	1016
粉细砂	注浆材料	粉细砂84000t	430	
砾砂、卵石、砂岩	混凝土集料	砾砂、卵石、碎石共166500t	366	

由表5-1可知,各类废弃土再利用合计可节约成本1016万元,经济效益显著。同时极大地避免了材料浪费、废弃土外运造成的市容污染及后续处理的难题。

南京纬三路过江通道工程泥水处理设备平面布置图如图5-15所示。

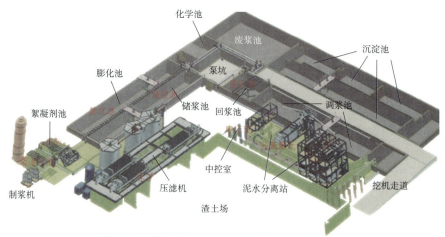

图5-15　南京纬三路过江通道工程泥水处理设备平面布置图

5. 装配式结构的应用

1）明挖隧道预制技术

以厦门疏港路下穿仙岳路通道为例，明挖隧道预制技术措施有：

采用大尺寸下穿通道双向预制节段拼装工艺，预制拼装节段采用工厂化生产，不仅大大缩短了施工工期，减少了现场混凝土立模、钢筋焊接等施工工序，同时有效减少了施工过程中的道路开挖、施工车辆对交通生活产生的干扰，在实际运用中取得了显著的经济效益，填补了国内的空白。

厦门疏港路下穿仙岳路通道预制构件、拼装过程和施工现场分别如图5-16~图5-18所示。

图5-16　预制构件

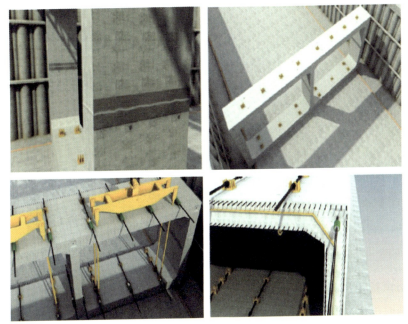

图 5-17 拼装(横向、竖向、预应力张拉)

图 5-18 施工现场

2)盾构管片与内部结构预制化

(1)上海复兴东路隧道采用了带牛腿的管片+预制上层车道板的方案,实现了全预制化施工。上海复兴东路隧道剖视效果图如图5-19所示。

绿色隧道

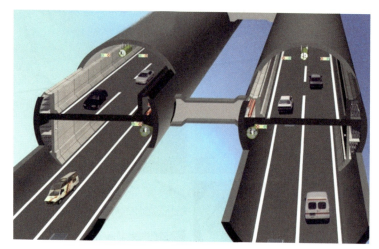

图 5-19　上海复兴东路隧道剖视效果图

（2）南京扬子江隧道采用了预制上层车道板的方案，提高了盾构隧道内部结构的预制率，并提供了丰富的梁板接头及上层车道板预制技术。南京扬子江隧道管片、车道板预制示意图如图5-20所示。

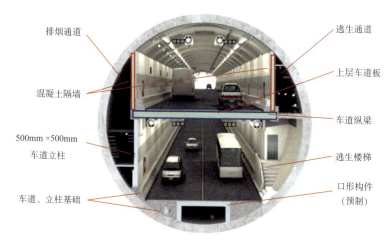

图 5-20　南京扬子江隧道管片、车道板预制示意图

3）矩形顶管暗挖预制装配式

建宁西路东延顶管是江苏省最大、最深、最长的顶管隧道，管廊断面为9.8m×4.2m，下穿各类管线节点5处，距电力隧道、污水箱涵最小净距离仅1.1m。采用6.5m×4.3m断面矩形顶管，双仓顶进，最长顶进距离达243m（图5-21）。

4）峡源隧道加固

峡源隧道基于波纹钢板的钢—混凝土装配式衬砌用于隧道修复、加固，采用厚度5mm、波距200mm、波高55mm的波纹钢板加固内衬形成钢—混凝土复合衬砌结构，进行了足尺构件试验。该结构模型图如图5-22所示。峡源隧道加固施工现场如图5-23所示，建成案例实物图如图5-24所示。

图 5-21　建宁西路东延顶管效果图

图 5-22　模型图

图 5-23　峡源隧道加固施工现场

图 5-24 峡源隧道建成案例实物图

5）装配式综合管廊

（1）上海世界博览会整个园区地下公用管线以综合管廊形式为主，其中西环路长度 451m 的综合管廊标准段管节为工厂预制，现场拼装，是国内首次进行的预制拼装综合管沟施工（图5-25）。

图 5-25 装配式综合管廊

（2）长春地铁2号线袁家店站是国内首例明挖式地铁装配式车站。与传统工艺相比，其大量节约了周转材料，仅木材节省量就达800m³；施工现场材料占地减小，作业空间变大；现场施工劳动力节省50%以上，建筑垃圾减少80%，工期缩短1~2个月（图5-26）。

目前在隧道加固工程中已逐渐推广装配式衬砌。陕西槐树关隧道加固工程、鞍山市玉佛山隧道维修工程均采用波纹钢—混凝土衬砌结构，在减少能源消耗、大幅降低对环境的污染的同时，减小了施工现场工人的劳动强度，提高了现场施工的安全性，且有利于保证施工质量和结构耐久性。

图 5-26 长春地铁袁家店站装配式施工

6. 隧道毗邻空间应用

（1）南京城西干道快速路高架桥改造为隧道。南京城西干道快速路高架桥改造前后对比如图5-27所示。

a) 1996年改造前　　　　　　　　b) 2012年改造后

图 5-27　南京城西干道快速路高架桥改造为隧道

（2）汉中门大街高架桥改隧道。汉中门大街高架桥改造为隧道前后对比如图5-28所示。

a) 改造前　　　　　　　　b) 改造后

图 5-28　汉中门大街高架桥改造为隧道

绿色隧道

（3）横江大道夹空层停车场。横江大道夹空层停车场实景图如图5-29所示。

图5-29 横江大道夹空层停车场实景图

（4）扬子江隧道夹空层停车场。扬子江隧道夹空层停车场如图5-30所示。

图5-30 扬子江隧道夹空层停车场

（5）惠民大道地下互通（过江隧道与快速路地下互联）。该工程快速路改造段长2.37km，随路建设综合管廊长2.16km。拆除2km惠民桥改为地下双层隧道与过江通道形成互通式立交（图5-31）。

图 5-31

生态：绿色建造，节能降碳 第五章

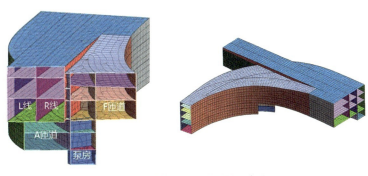

图 5-31 惠民大道地下互通剖面示意图

第二节 生态保护

一、环境保护及降污措施

1. 大气污染防治

1）施工扬尘控制

（1）车辆运输产生扬尘控制措施。运输垃圾、弃土、砂石等散料的车辆必须取得"渣土、沙石运输车辆准运证"实行密闭式运输，运输车辆驶出现场前要将车轮和槽帮冲洗干净，运输车辆的车厢应配备顶篷或遮盖物。

（2）材料堆场扬尘控制措施。材料堆场应布置在场地中间，利用厂区空间形成卫生防护距离；土方、石灰、黄沙、水泥等散货物料的堆场四周设置围挡防风；土方、黄沙堆场采取定期洒水措施，保证堆垛的湿润，并配备篷布遮盖；石灰、水泥等不宜洒水的物料应储存在三面封闭的堆场内，上部设置防雨顶棚。灰土拌和采用集中站拌方式，拌和站集中设置在施工场地范围内，四周设置围挡防风阻尘。拌和设备采取封闭作业并配备除尘设施，避免对外环境造成扬尘污染。

（3）现场垃圾扬尘的控制措施。施工现场要设置高度不低于1.8m的硬质围挡，主要道路必须硬化并保持清洁；施工现场的建筑垃圾、工程渣土临时储运场地四周设置1m以上且不低于堆土高度的遮挡围栏；现场设专人负责保洁工作，及时洒水清扫，减少扬尘。每个施工段安排1名员工定期对施工场地洒水以减少扬尘的飞扬。洒水次数根据天气情况而定。

2）废气排放控制

大气污染主要指一氧化碳（CO）污染、氮氧化物（NO_x）污染、碳氢化合物（HC）

污染，其中80%的CO由汽车排出，其含量与交通量成正比，而HC则是因为汽车尾气中没有充分燃烧的烃类物质造成。因此，防治大气污染先要做到"绿色交通运输"，减少汽车尾气排放。

2. 水土污染控制

（1）设置生态型水沟。排水是防止土壤侵蚀以及水道淤塞的一个主要措施。常规的混凝土水沟有很多缺点，诸如毁坏水和草共建的环境；破坏水中的生物及微生物的生存环境，使水生生态系统失衡；刚性材料吸收热能，加剧城市热岛效应等。而生态型水沟既可保证水沟的基本用途还能弥补常规技术的不足。

（2）施工现场存放的油料和化学溶剂等物品应设有专门的库房，地面应做防渗漏处理。废弃的油料和化学溶剂等列入《国家危险废物名录》的危险废物应按规定集中处理，不得随意倾倒。

（3）在农田周边施工时，尽量减少施工及机械碾压等对农作物及农田土质的影响；在城镇居民密集段，根据房屋道路布设情况建造绿色花园，绿地点缀观赏性强的绿化灌木。

（4）对于施工废水，一方面应该注意机械设备的维护检修，另一方面在施工场地及机械维修场地设收集水池，将含油废水收集后定时清运。

（5）固体废物污染防治。

①建立合格消纳方名册。项目部将固体废物分包给有准运证的单位、有建筑垃圾消纳的资质和经营许可证的单位。

②废弃物处置。对废弃物实行分类管理，按照统一规定将废弃物分为三类：可回收利用的无毒无害废弃物、不可回收的无毒无害废弃物、有毒有害废弃物。对废弃物的外运，必须由具备相应资格的单位进行，外运前由项目兼职环保管理员监督，对废弃物进行严密覆盖，防止遗洒。

③固体废物处理措施。施工弃渣和生活垃圾以《固体废物污染防治法》为依据，按设计和合同文件要求送至指定弃渣场。

3. 噪声污染防治

（1）应合理安排施工时间，噪声大的土方工程的挖掘、填埋、平整等工程应安排在白天，施工时严格执行《建筑施工场界环境噪声排放标准》（GB 12523—2011）的要求。应根据有关规定，12：00—14：00、23：00—次日7：00不得施工。对必须连续进行的个别施工环节，必须先上报环保部门，同时告知附近民众。

（2）选择低噪声设备。尽量选择使用环保机械，禁止超负荷运转和夜间使用噪声较大的工程机械施工。闲置的设备应予以关闭或减速。一切动力机械设备都应适时维修，特别是因松动部件的震动或降低噪声部件的损坏而产生很强噪声的设备。

（3）隧道往往修建在硬岩中，从效率、经济、技术等各方面来看，钻爆法是开挖隧洞的主要方法之一，但在隧道施工过程中会产生大量噪声和振动。因此，防噪在隧道施工中须引起重视，对产生较大噪声的机械设隔音装置，或尽量采取低威力、低爆速炸药或微差爆破技术，控制每次爆破的装药量，减轻施工爆破振动的环境影响。

（4）运输车辆尽可能安排在昼间工作，要求必须在夜间上路的，在行经居民区时应严格落实禁鸣喇叭的规定。

4. 建筑垃圾和工程渣土处理

1）现场垃圾管理措施

（1）施工过程中产生的建筑垃圾等及时清运，并做好清运前和堆存过程中的水土流失防治工作。

（2）施工人员生活垃圾，应采用定点收集方式，设立专门的容器（如垃圾箱）加以收集，并按时每天清运。

（3）固体废物运输车辆应配备顶篷或遮盖物，装运过程中应对装载物进行适量洒水，采取湿法操作；运输桥梁桩基钻渣的车辆车厢应具有较好的密封性，不得有渗漏现象；固体废物的运输路线尽量避开村庄集中居住区。

（4）工程产生的挖方根据其土质和工程需要的土方性质要求进行综合利用，不但可以减少工程量和投资，而且还能减少因重新取土而造成的对生态环境破坏。对于不能回用的土方，按有关要求在施工场地内临时堆放，并进行临时防护，如塑料薄膜覆盖等。

2）合理利用弃渣

对于施工期间的开采，原则上是尽可能利用挖掘出的弃渣用于施工场地的发展和路基填方的需要。倾卸场地的选择应按国家土地利用的基本政策，尽量占用荒地，少占良田。弃渣完毕后，因地制宜地对弃渣场进行植草植树绿化或复耕还田。

3）隧道洞渣建材资源化利用

洞渣是隧道开挖过程中的必然产物，具有产量高（我国铁路工程单线隧道约产生7万m^3/km的洞渣，双线隧道约产生20万m^3/km的洞渣）、危害大（侵占土地、破坏地表植被，易诱发泥石流、滑坡等灾害）、处治费用高（洞渣处置及弃渣场后期维护费用合计40~50元/m^3）等特点，因此，隧道洞渣的资源化利用是铁路隧道绿色建造的重要内容，将其制备成使用量大的建筑材料是其资源化利用最有效的技术途径。

由于隧道地质情况复杂、隧道洞渣种类繁多，因此，在资源化利用过程中，要充分考虑隧道围岩级别、洞渣物理化学性质等，并根据不同需求，对隧道洞渣进行等级划分和分类应用。隧道洞渣中的土夹石、软岩石土块适宜用于路基回填或边坡防护等工程；隧道洞渣中强度等级不大于30MPa的石块经挑选、筛分后可用于路基回填；隧道洞渣中强度为30~60MPa的石块经加工生产后，不仅可以用于路面垫层，还可以用于制备施工便道用混凝土；隧道洞渣中强度大于60MPa的石块制备成机制砂石后，可以用于制备隧道、桥梁等工程中C40及以下强度等级的混凝土。性能极优异的洞渣石块可以考虑用于制备道砟，例如利用洞渣制备出聚氨酯固化道床用道砟。

4）建筑垃圾的循环再利用

建筑业是可以应用垃圾废料再生资源的重要行业，因为建筑垃圾中的许多废弃物经分拣、剔除或粉碎后，大多是可以作为再生资源重新利用的。如：废铁丝、废电线和各种废钢配件等金属，经分拣、集中后，在钢铁厂重新回炉后可以再加工制造成各种规格的钢材。废混凝土经过一系列处理，可以作为"循环再生集料"，其主要有两大应用领域：①经过一般破碎的混凝土集料可以用在道路工程垫层和面层、素混凝土垫层、混凝土砌块砖、铺道砖、花格砖等建材制品方面；②将废混凝土通过破碎、筛分、分选、洁净后，制成一定粒径的再生细集料和粗集料可以代替天然砂石用在钢筋混凝土结构工程中；施工中散落的砂浆可通过冲洗，将其还原为砂作为细集料重新拌制砂浆和混凝土等。

建筑垃圾的循环再生利用不仅可节省垃圾处理费用，减少垃圾处理对环境的污染，而且可充分利用再生资源，是节约资源、保护生态环境的有效途径。因此，建筑垃圾的处理应本着"3R"（Reduce，Reuse，Recycle）的原则，按照建筑垃圾的种类、来源和性质，采用合理经济的循环再生利用的途径分别处理，提高建筑垃圾的资源再利用率。此外，国家也应制定相关的政策和法规，并给予适当的政策扶持，将建筑垃圾变为"绿色产品"，并形成一条"洁净产业"，确保建筑业的可持续发展。

5. 工程临时占地恢复

（1）合理设置弃渣场和取土场。场址的选择应考虑当地地形和运输条件，并充分利用荒山、荒坡地、废弃地、劣质地，优先选择能够最大限度节约土地、保护耕地的方案。弃渣场一般设在河滩荒地、无水流或水流极小且沟底坡度较缓的支沟内。对于山前缓坡取土场，需在取土场上方汇水面积设浆砌石截水沟，对于开挖边坡高度较大的取土场，应采用浆砌石挡墙措施稳固坡脚，按照边坡削坡1∶2的坡度，防止形成边坡塌陷或滑坡，以免造成重大水土流失和地质灾害。取土结束后，为了使被损毁的土地恢复到可开发利用状态，需采取削坡、平整、改造、覆土等土地整治措施。在弃渣场建设中，应加强防护，并采取分级挡护、整平地表、设置滞水层等措施；弃渣完毕后，进行平整、覆土，灌、草绿化或复耕。

（2）合理开辟施工便道。横向施工便道，应采取拉大间距、减少布设的原则；纵向施工便道应充分利用既有公路，因工程确需要求新建的，施工便道应尽量靠近线路，减轻对沿线生态环境的扰动。

（3）施工营地应靠近标段位置并选择植被稀疏的荒地和滩地；路线靠近公路养护工区的区段，施工营地尽量利用既有公路养路工区的房屋或废弃的既有场地。施工营地应采取适当的处理、处置措施，防止生活污水、生活垃圾污染水体。

（4）根据不同的地区特点，设计临时占地植被恢复措施。对于临时占用的耕地，可先种植绿肥作物，待土壤肥力恢复后，恢复作物种植；生态恢复所用植物种类尽量选用本地物种，防止外来生物入侵。对于灌木等林地，可先行种植草类恢复植被覆盖，待其自然恢复或辅助种植林灌品种。

6. 生态系统保护

（1）隧道应选择稳定的地层，力求避开大断层、滑坡等地质灾害严重地段，隧道洞口应避开滑坡、崩塌、泥石流、厚覆盖层、冲沟等不利位置。施工过程中注意弃渣要及时纵向调运。在林区边缘和隧道口采用加密绿化带，防止灯光和噪声对动物的干扰，加快对隧道口和桥涵周边植被的恢复，尽量减少因隧道建设对野生动物产生的不利影响。

（2）施工前应进行生态保护培训，制定严格的植物保护制度，并向施工人员发放保护植物图片，以便在施工中正确辨认国家保护植物。在施工开挖的过程中，不排除有发现国家重点保护植物的可能性，因此，要加大宣传力度，并采取如宣传栏、挂牌等方式，让施工人员了解保护的重要性。在森林分布较多的路段要重点关注保护植物，如有发现，要尽快报告当地环保和林业部门，立即组织挽救。发现集中分布的保护植物时，应上报建设单位重新选择线路进行避让。

（3）施工过程中应加强管理，保护好施工场地周围植被。临时工程应进行整体部署，不得随意布设，施工结束后应及时拆除临时工程建筑，清理平整场地，复垦还耕或绿化。大临工程尽量以既有空闲地为主，在工程交验后予以综合利用或者在规定时间内进行拆除，并进行整治，恢复原有植被。工程取土集中规划，尽量减少对地表植被的破坏，取土后及时整理，进行植被恢复绿化。

（4）妥善安排工程施工方式和时段，减少对动植物的影响。山岭隧道施工期的爆破振动和噪声会给山区野生动物带来一定影响，建议在施工期，尽可能选用低噪声施工机械和工艺。由于野生鸟类和兽类大多具有晨、昏或夜间外出觅食的习性，在野生动物

绿色隧道

活动较为频繁的区段,应做好爆破方式、数量、时间的计划,并力求避免在晨昏和正午开山施炮等。在爆破施工作业时,应根据地区地质状况,考虑爆破方法、药量、距离,确定爆破最大振幅,避免爆破振动过大,影响山体失稳,进而影响周边地表植被的生长。对可分解的生活垃圾务必进行深度掩埋,防止野生动物觅食中毒、引起疾病或发生意外。

(5)严格管理可能引起森林火灾的施工作业,其布置应与林区有一定的安全距离;森林防火期内,禁止在林区野外用火;加强施工人员管理,防止人为原因导致林区火灾的发生。

二、工程案例

1. 江阴靖江长江隧道项目

1)大气污染防治

(1)对施工现场中主要的出入口及运输道路利用混凝土进行硬化处理,厚度和强度满足施工和行车需要,并配备专业保洁队伍和洒水车对场区进行不间断清洁、洒水抑尘工作。

(2)在生活区域和施工便道两侧适当的布置绿化不仅为工地增加色彩和生机,还具有吸碳制氧、吸收有害气体、吸滞粉尘、降低温度、调节湿度、消减噪声等多种功能(图5-32)。

图5-32 绿化

(3)施工现场安装高度为2.5m的硬质围挡进行全面封闭,围挡上设置24h不间断运行的喷淋设施。

(4)水泥稳定(级配)碎石/水泥混凝土拌和站的搅拌主机、物料称量系统、物料输送系统和控制系统等设备设施全部密闭。集料仓搭设轻型钢结构顶棚,三面围挡,设置降尘喷淋等设施（图5-33）。水泥、粉煤灰等材料进料时，保证材料罐顶的密封性能，在搅拌站水泥管顶部安装脉冲式除尘器（图5-34），污染物排放符合《大气污染物综合排放标准》（GB 16297—1996）要求。在搅拌站内部配备雾化降尘设备，有效控制混凝土生产期间造成的扬尘污染。

图5-33 搅拌站内部喷淋　　　　　　　　　　图5-34 脉冲式除尘器

（5）安装扬尘管控智慧工地系统（图5-35），系统基于江苏省环境监测中心大气监测网格，建立了以省控网格、增补网格及项目网格为主体的三级网格监测体系，监测数据实时反馈至项目环保监控大屏幕上，一旦达到数据预警值立即启动短信提醒项目环保工程师，同时启动监测点位附近的雾炮系统进行扬尘管控，本年度项目部扬尘管控良好。

图5-35 扬尘管控智慧工地系统

（6）对于新进场设备，先由安保人员将证件拍送至工作群，物资设备部牵头组织安环部、工程部、机电部联合进行验收，人员证件不齐和设备资料缺失不得进入施工现场，进场机械设备必须建立一机一档和环保设备台账（图5-36）。

图5-36 进场设备联合验收、设备环保标签收集

（7）项目非道路移动机械尾气排放标准不低于国Ⅲ标准，道路移动机械尾气排放标准不低于国Ⅴ标准，场内设备用油必须满足国Ⅵ标准。同时，联系有资质的环保监测单位定期对场内机械进行尾气排放检测，确保尾气排放达标（图5-37）。

2）水污染控制

（1）食堂的含油污水使用油水分离器进行隔油预处理，油水分离后污水排入生活区化粪池。

（2）洗漱、淋浴、厕所产生的污水，经过规划的收集管道，收集进入化粪池，经化粪池预处理后，上清液排入项目配置的智慧

图5-37 有资质的检测单位定期检测场内设备、设备油品检测

型一体化污水处理设备，经过处理后的生活污水不仅达到城镇污水排放标准进行排放，而且可直接用作农作物灌溉用水，确保了场内污水可以达到零排放的标准。

（3）在施工场地出入口设置自动化冲洗平台（图5-38）、高压水枪以及LW450-2000泥水处理设备，并配备专职车辆冲洗人员（图5-39），冲洗后的泥水经沉淀池、泥水处理设备共同作业可循环使用率可达35%，泥水最终经处理、检测合格后排入市政管网。

（4）施工场地桩基施工泥浆使用XMYZS 250/1250-30U型压滤机进行压滤，产生的清水储存于现场水罐中用于桩基施工和洒水车日常用水（图5-40）。

（5）施工现场及生活区设置排水管网和三级沉淀池，每周定期清理沟槽内淤泥，场内雨水集中排至三级沉淀池，经沉淀处理、检测合格后排入市政管网（图5-41）。同时，项目部邀请有资质的第三方环境监测单位每月对项目部所有的排水口进行监测，每季度出具水质监测报告，确保排水指标符合《污水排入城镇下水道水质标准》（GB/T

31962—2015）相关要求。

图5-38　自动化冲洗平台

图5-39　高压水枪及车辆冲洗人员

图5-40　板框式压滤机、压滤液日常使用

图5-41　场内雨水管网及水样定期检测

3）噪声污染控制

（1）合理安排施工计划和施工机械设备组合，因本项目的生产工艺要求必须连续作业，已办理"夜间施工许可证"（图5-42）。

图5-42 项目部夜间施工许可证存根

（2）建立全封闭拌和站和钢筋加工车间，阻碍噪声向外部空间传播（图5-43、图5-44）。

图5-43 自建密闭拌和站

图5-44 自建密闭钢筋加工车间

（3）地连墙、高压旋喷桩等桩基施工后台采用隔音降噪围挡进行全面封闭，阻碍噪声传播（图5-45）。

（4）施工过程采用低噪声设备代替高噪声设备，混凝土凿除设备采用低噪声螺杆式空气压缩机（图5-46）。

（5）运用科技进步成果，取代老旧设备工法，确保场内昼间施工噪声≤65dB，夜间施工噪声≤55dB，周围居民无投诉。

（6）场区内车辆限速5km/h、夜间禁止鸣喇叭。

图 5-45 桩基施工后台区域全封闭

图 5-46 新型螺杆式空气压缩机

4）土壤污染防治与保护

（1）通过提前制定临时用地规划，落实用地审批手续，且充分利用原有建筑物、道路作为混凝土拌和站临建设施。

（2）对场地内地面进行全面硬化，并修建环形排水系统，防止土壤流失。

（3）对于有毒有害废弃物如电池、墨盒、油漆、涂料等项目部统一回收后交有资质的单位处理，不作为建筑垃圾外运；废旧电池要回收，在领取新电池时交回旧电池，最后由项目部统一移交回收公司处理，避免污染土壤。

5）光污染防治

（1）项目中所使用的照明灯具全部为LED节能型照明灯具。

（2）通过对现场灯塔焊接防护罩、调整照明灯角度来确保满足投光方向集中在作业区（图5-47、图5-48）。

图5-47 节能灯具使用情况（一）

图5-48 节能灯具使用情况（二）

2. 噪声控制技术

1）上海周家嘴路越江隧道泥水处理系统降噪措施

集成式泥水处理系统和压滤机系统考虑采用隔音板全封闭，共 1039.3m²。夜间施工时，采用手持式分贝仪在周边建筑物附近测量，噪声低于 55 dB，未发生居民投诉现象。

隔音板是一种作用于隔音效果的板块。隔音板并不能阻隔所有频率的声音，物体都有固有共振频率，接近物体共振频率的声音，隔音板的隔音效果显著降低。隔音板主要特点如下：

（1）隔声量大：平均隔声量30dB（条件：吸音棉48K）。

（2）耐候耐久性：产品具有耐水性、耐热性、抗紫外线、不会因雨水温度变化引起降低性能或品质异常。

（3）美观：可选择多种色彩和造型进行组合，与周围环境协调，形成亮丽的风景线。

（4）经济：装配式施工，提高工作效率，缩短施工时间，可节省施工费及人工费。

（5）方便：与其他制品并行安装，易维修，更新方便。

（6）安全：吸声板两端采用Φ6.2mm钢丝绳连接固定，防止二次损伤，造成人员、财产损失。

（7）轻便：吸音板系列产品具有自重轻特点，质量低于20kg/m^2，可减轻外部钢结构的承重负荷，可降低结构造价。

（8）防火：采用超细玻璃棉，由于其熔点高，不可燃，完全满足环保和防火规范的要求，防火等达A级。

（9）高强度：结合我国各地区不同的气候条件，在结构设计时充分考虑风荷载。压制凹槽以增加强度，使产品抗10~12级台风，抗压300kg/m^2。

（10）防水、防尘：百叶型设计时充分考虑防水，防尘，其角度设为450°，在扬尘或淋雨环境中其吸声性不受影响，构造中已设置排尘排水措施，避免构件内部积水。

（11）耐用：产品设计已充分地考虑了全气候的露天防腐。产品采用铝合金耐力板，保证使用期间不腐蚀、不变形、吸声、隔声效果不降低。

采用隔音板建造的全封闭式隔声棚如图5-49所示。

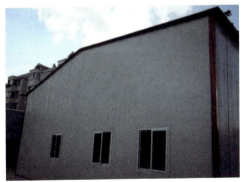

图5-49 采用隔音板建造的全封闭式隔声棚

2）上海龙耀路越江隧道泥水处理系统降噪措施

引进的带式压滤机是由上海尔速科技有限公司制造的泥水分离设备。如图5-50所示，该设备具有以下性能与优势：

（1）能耗低、产量大；

（2）分离出来的干泥，达到能装车运输的条件，干土含水率小于50%；

(3) 分离过程中没有重金属及有害物质的摄入；

(4) 分离出来的水能循环利用，达到国家二级排放标准；

(5) 设备体积合理，方便运输；

(6) 能24h不间断地连续作业；

(7) 满足各地各种地层各种土壤性质的需求；

(8) 每台设备每天泥浆处理量能达到800 m^3以上；

(9) 在施工中，噪声低于65dB。

3）上海新建路隧道

设计采用大小套结构：路面段为大套，跨度35.6m，长度60m；敞开段为小套，跨度18.9m，长度153m，隔声效果远优于一般声屏障。上海新建路隧道全封闭隔声棚如图5-51所示。

图5-50 泥水处理设备

图5-51 上海新建路隧道全封闭隔声棚

4）温州汤家桥路（低噪声路面）

该路部分路段采用低噪声橡胶沥青路面，同一时段比该路其他普通沥青路面噪声降低了4.5dB（65.3dB），远低于城市交通干线道路噪声的标准（70dB）。温州汤家桥路低噪声路面如图5-52所示。

5）成都新世纪西路下穿隧道

隧道采用聚合微粒板吸声结构，板厚不超过10mm。通过对粒径、板厚及空腔大小的调控，可实现聚合微粒板吸声结构吸声频率特性可调的功能。成都新世纪西路下穿隧道如图5-53所示。

6）泰州永定路隧道

隧道内壁优化为"搪瓷钢板+微穿孔板"复合结构，平均吸声系数NCR大于0.65，经测试，隧道噪声降低6dB，声能降低50%。泰州市永定路隧道如图5-54所示。

图5-52 温州汤家桥路低噪声路面

图5-53 成都新世纪西路下穿隧道

图5-54 泰州市永定路隧道

7）南京玄武湖隧道

出口段两侧路堑侧壁、光格栅段顶部与侧壁、隧道内侧壁和顶棚铺设吸声材料；隧道东出口栽植常绿乔木和灌木；全路段铺设低噪声路面。南京玄武湖隧道噪声控制方案如图5-55所示。

图5-55 南京玄武湖隧道噪声控制方案

8）南京惠民大道地下互通

主线隧道敞开段及暗埋段侧墙采用乳白色成品吸音搪瓷钢板（穿孔率20%，NCR大于0.65）干挂；隧道全线采用降噪路面。南京惠民大道综合改造工程方案如图5-56所示。

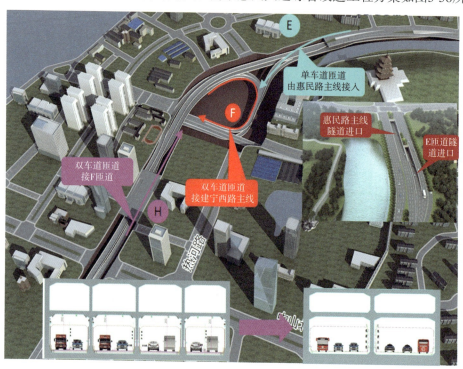

图5-56　南京惠民大道综合改造工程方案

9）南京清凉门隧道

全混凝土结构隧道隔声棚、混凝土拱架隧道隔声棚以及钢架结构隧道隔声棚3种方案，如图5-57所示。

a)

b)

图　5-57

c)

图5-57 南京清凉门隧道隔声棚方案

第三节 节能降碳

为了进一步践行低碳环保建造,在隧道建设施工的过程中,围绕绿色循环低碳建设应用技术和绿色循环低碳建设特色技术两方面对隧道建设方案进行优化。

一、节能降碳措施

1. 通风系统节能

中长隧道因其长距离的封闭环境,机动车的尾气会产生聚集现象,对行车安全与人身健康有较大影响,通风是解决隧道内、外环境质量的重要手段。在隧道发生火灾事故时,烟雾难以迅速排除,将导致救援无法进行,由小灾引发成大灾难,因此,隧道的通风问题对隧道内安全运行有着重要影响。

(1)风机(包括隧道风机、轴流风机、离心风机箱)及多联空调均选用高效、低能耗设备,能效等级不低于一级标准。

(2)采用节能控制系统,实际运行中可根据交通量、车速、污染物浓度以及风速情况,调整隧道风机转速和台数,以节约日常运行能耗。

(3)隧道内射流风机采用集中布置的方式,均靠近工作井布置,既可降低通风系统初投资、运行费用,又能降低电力电缆费用。

2. 供电照明系统节能

隧道照明对于保证隧道行车安全和舒适度,是必不可少的。为有效降低隧道照明能耗，从前期设计到后期运营不同阶段均提出或应用了照明节能技术，包括照明光源、节能控制洞口减光、灯具布置等。针对城市隧道特点，下列介绍2种节能效果较好的节能方法或措施。

（1）导光管技术在隧道照明中应用。城市隧道修建多采用明挖方法，且分布在城市道路下方，埋深较浅，为导光管的安装提供了有利条件。隧道内加强照明亮度指标完全受环境天气变化控制，环境亮度越大，则隧道内加强照明亮度指标要求越高，导光管可充分取代加强照明灯具。

（2）基于减光设施的照明分段划分法。结合环境亮度与人眼识别关系、洞口光环境变化对视觉的影响、隧道洞口减光防眩等相关研究成果，在现有的公路隧道照明设计标准基础上提出了一种城市隧道照明五段划分方法，该分段方法是基于隧道洞口光环境变化对人眼视觉的影响试验得出，对隧道减光棚的减光效果提出要求：减光棚下最大照度值不应大于500 cd/m^2，且遮光棚长度不小于相应设计速度的停车视距的一半。

3. 给排水系统节能

（1）隧道排水管道采用内外涂塑无缝钢管，可以有效地降低管道水损，从而减少废水泵扬程以达到减少能耗的效果。

（2）隧道内雨水泵房和废水泵房采用"多用一备"的形式，从而在不同水量的情况下启动不同数量的水泵，以达到节能的效果。

4. 监控系统节能

（1）中央计算机系统操作界面考虑采用节电模式，在没有操作时暗屏运行，可节电30%。

（2）交通监控系统应采用高效节能型产品。交通监控系统的LED显示设备采用发光效率高及高效节能型LED，可节电20%。

（3）考虑在中央计算机系统的决策支持系统软件中对整个监控系统的操作运行进行能耗分析并给出节能方式的运营模式建议方案。

5. 机械设备与机具利用

建立不符合绿色建造要求的施工机具、机械设备的使用限制和淘汰制度，合理使用机械，减少大功率机械设备的投入使用，从而达到节约用电的目的。

6. 节能技术和清洁能源

加强隧道设施节能设计，推进节能通风与采光灯技术应用。推广应用供配电系统节能技术、LED节能灯具、照明智能控制系统、温拌沥青技术和冷补养护技术等新技术与设备。加快淘汰高能耗、高排放的老旧工程机械。因地制宜推广太阳能、风能、地热能、天然气等清洁能源应用。

（1）太阳能节能技术应用。太阳能资源丰富，无环境污染，同时具有节能、环保、方便等优点。合理应用太阳能技术，能够达到节约能源、减少污染、降低碳排放的绿色环保目标。具体到土木工程项目中，太阳能技术可以为建筑提供部分能源，太阳能应用于隧道照明，既可满足用电量需求，又可解决部分公路隧道无法引用市电照明的难题。用于制冷、供暖、提供热水等方面，太阳能作为电能的清洁、无污染、可再生、可替代能源，减少了建筑的能耗和碳排放，起到节能绿色、环境保护、可持续发展的作用。因此，基于交通工程、光伏技术等理论与方法，围绕安全、节能、低成本的目标，太阳能光伏照明系统必将在隧道工程中得到更广泛的应用。

作为土木工程项目的施工管理者，应具备清晰明确的绿色节能环保意识，从工程实际情况出发，结合工程项目的具体要求，为太阳能利用提供充足的安置空间和环境条件，选择适当的建筑材料用于存储和收集太阳能，实现环保、节能的技术应用目标。

（2）隧道地热利用技术。隧道结构大多位于地下，结合地源热泵技术可以有效为隧道自身或附属建筑物提供热能。目前，国内地源热泵技术在隧道领域应用尚少，仅在南京市部分隧道中有所应用，地源热泵技术的应用及提升还有很大空间。

二、工程案例

1. 隧道临建节能降碳措施

（1）江阴靖江长江隧道项目临建项目办公区采用一体化箱式板房，外部为玻璃幕墙（图5-58），通道位于一侧，采光、通风、遮阳良好。

图5-58　办公区域玻璃幕墙

（2）项目部全部采用节能型LED照明灯，生产、生活及办公区共计安装2220盏LED

绿色隧道

灯，设备接电布线符合临时用电规范要求（图5-59、图5-60）。

图5-59　办公区LED节能路灯

图5-60　设备后台LED节能型灯带及灯具

（3）生活区的临时用电设置限流器（图5-61），既有效防止了大功率危险用电设备及用电不规范导致火灾等重大事故的发生，又有效地解决了用电浪费的问题，降低了用电总量。

（4）在生活区安装空气能热水器（图5-62），充分利用可再生能源。

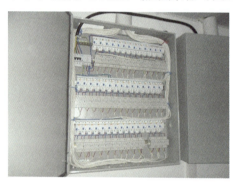

图5-61　宿舍临时用电限流器

图5-62　空气能热水器

（5）项目场区设置新能源洒水车，减少燃料的消耗（图5-63）。

图5-63　新能源洒水车

根据统计汇总可知,项目开工至今总计节约2410kW·h的电量,节约1254元电费,相当于减少了1.892t二氧化碳排放。具体数据见表5-2。

耗电量统计表　　　　　　　　　　表5-2

序号	施工阶段及区域	传统设备耗电量	节能型设备耗电量	节约用电量
1	办公、生活区	17560kW·h	17100kW·h	460kW·h
2	生产作业区	240950kW·h	239000kW·h	1950kW·h
3	节电设备设施配置率	100%	100%	—

2. 隧道节能环保新技术应用

(1)隧道盾构泥水处理系统。以上海市人民路盾构掘进为例,通过盾构泥浆废弃物的回收利用减少环境污染;改用天然土造浆进行泥浆处理;同时采用了设备系统的可移植;计算机智能化浆液管理、泥浆回收综合治理、泥水处理系统的隔音防噪、全封闭取水排泥等技术。

(2)矿山法隧道开挖施工。以歌乐山、大河湾等越岭隧道为例,采用节能环保的"水压爆破"工法——在装药结构内增设了"水袋",它与"炸药"和"炮泥"三者构成了复合装药堵塞结构,除增大爆破效率、节约炸药量外,还可减少粉尘和噪声。

(3)隧道施工期减小对水环境的不利影响。隧道口设有蓄水、沉淀和过滤用池,施工废水经处理后再利用;施工中的渗、涌水严禁排放到地表和下水道;如洞内渗涌水和突泥,影响当地生产、生活,要采取注浆封堵和二次衬砌封闭,减少水土流失。

(4)隧道绿色能源的应用。

①提高公路隧道"绿色能源"的应用比例。烟台市利用太阳能照明,采用节能灯具修建国内首座太阳能隧道——通世路隧道,每年可节约标准煤120t以上;安徽六潜高速公路狮子尖隧道,首次采用太阳能和风能发电,设计了"风光互补"离网供电系统,既节约了电能,又降低了发电设备配置成本。

②公路隧道照明及供配电节能成套关键技术取得突破。如:洞外亮度L20(S)精确测试方法及洞口减光措施、基于中间视觉理论的照明设计方法、智能化照明控制技术、高效照明方式、节能光源应用、照明及供配电系统分期实施等,并在示范工程建设中得到了应用实践;通风节能减排手段主要有前馈式通风控制技术、双洞互补式通风技术、污染空气静电除尘技术、污染空气土壤净化技术等,不一而足;给排水节能减排措施主要有应用消防水泵智能控制技术、使用高效节能水泵、选用强度高和摩阻小的热镀锌钢管等;加强并完善节能管理,对于指导公路隧道节能减排具有极其重要的引导作用。

第六章

空间：以人为本，低碳运营

第一节 体验赋能

在交通强国战略、碳中和碳达峰等大政策背景下，面向全国公路隧道建设，应将"以人为本"作为核心要求，把增进民生福祉作为根本目的，立足隧道建设全寿命周期理念，聚焦结构安全耐久、行车安全舒适、通行疏散便捷、资源节约利用、生态环境保护的核心需求，打造以人为本、绿色低碳的流动空间，最大限度地实现人与自然和谐共生的高质量隧道。绿色隧道强调了"以人为本"的核心思想，建立人本体验空间需要先明确环境品质提升对象。在公路隧道中行驶，由于驾乘人员能直观感受到隧道内声、光和气环境，因此，营造高质量的通行环境有助于提高驾乘人员的出行体验，从而提升公路隧道安全性、舒适性。对公路隧道声环境、光环境以及气环境营造阐述如下。

一、声环境营造

公路交通噪声污染是城市噪声污染的重要组成部分，大多数隧道由于没有应用吸声降噪措施，隧道洞内洞外噪声水平较高，噪声问题越来越受到人们的关注。交通噪声和隧道内通风机等附属机电设备运作时产生的噪声，经壁面多次反射、混相声、直达声等叠加，会产生较大的噪声，使驾乘人员、检修人员在一定程度上感受到身心不舒适，洞外交通噪声同时影响了公路两侧居民的正常生活与睡眠。此外，隧道内持续的强噪声将会对隧道主体结构产生影响，对隧道顶部、内壁以及路面造成损害，不利于后期管理养护。因此，公路交通噪声也是目前亟待解决的通行环境质量及公路交通环境污染问题。

形成隧道内噪声的来源多种多样，主要是交通噪声和射流风机噪声。通风机的噪声范围为75~81dB。试验表明，风机关闭和风机与交通流叠加的噪声相差不大，说明交通噪声是隧道内的主要噪声源。就汽车行驶时产生的噪声而言，有轮胎路面噪声、发动机噪声、进排气系统噪声等。不同性质的噪声，其产生的机理各不相同。在大多数情况下，这些机理是同时存在的，只是形成噪声能量的大小和总噪声的贡献主次不同。针对公路隧道声环境营造，可以参考以下几条可行的控制措施：

（1）加强交通治理。从最易控制噪声源处入手，即进入隧道时必须减速慢行，在隧道内应该严格禁止鸣喇叭，车辆在隧道内尽量不要紧急制动，因为汽车喇叭声和制动时产生的噪声是隧道内噪声峰值和高频噪声的主要来源。应对各隧道进行实测研究进行隧道内限速设计，力求行车速度引起的隧道内噪声最低。

（2）选用低噪声通风方式，并选用加装消声器的射流风机。

（3）改善隧道内部的声学结构。在隧道顶部和洞壁上都可安装吸声材料和吸声结构。对于横断面为半圆形的隧道，吸声材料和吸声结构还可以减少声聚焦引起的叠加。选用吸声材料和吸声结构是降低公路隧道交通噪声极为有效的方式，但吸声材料和吸声结构一般费用较高，在选择时应同时注意经济与降噪效果的问题。

（4）改善路面结构和材料。隧道路面铺装采用低噪声路面技术，即多孔性路面，也可在原来路面的基础之上加修一定厚度的多孔沥青路面，保证路面的高吸声性能。

（5）在隧道出入口段加装强吸声板，或采用路堑的形式。加强洞口过渡段的绿化建设，例如在洞口外空地上种植绿化带，或两边护墙上种植攀绿植物，可提高墙体的吸声能力起到降低噪声的作用，减少洞口过渡段噪声对附近居民的影响，满足经济合理、环境美化的要求。

二、光环境营造

隧道是一种相对封闭的交通环境。如果将公路隧道及其照明设计看作一种产品或服务，其用户为通行其中的驾驶人。公路隧道照明设计是以提高驾驶人的视觉适应性和反应判断力为中心展开的复杂系统工程，需要兼顾基本照明、安全驾驶与照明节能，充分考虑各种隧道交通安全影响因素。照明理论与应用的研究在不断发展，随着视觉心理学的非视觉成形等课题研究的深入,照明设计除实现照明功能之外,还需要重视其对人的心理和生理的调节作用。以人为本、满足人与环境的交互需求的环境体验设计已经在照明设计领域得到应用。

随着国民经济的飞速发展,人们对照明的追求从安全、舒适和节能向着更高的智慧照明进发。隧道光环境是隧道通行安全性和舒适性的主要影响因素,并且照明能耗一直以来都是公路隧道中能源消耗的主要部分。在隧道中采用智慧照明的方法可以更好地营造隧道光环境,满足安全、舒适和节能的实际需求。

纵观隧道光环境研究历史可以发现,公路隧道光环境的相关研究都集中在行驶视认需求的光环境设置理论和驾驶的安全性和舒适性、公路隧道照明光源的选择和设置、隧道光环境的监测与控制、隧道安全运行成本等研究领域。而我国公路隧道建设起步时间较晚,在隧道照明安全、节能、环保等各方面的研究较其他发达国家滞后,理论研究和相关建设经验较少。因此,针对隧道按需照明的实际需求,开展隧道光环境动态营造与智慧照明控制策略等研究迫在眉睫。

"绿色隧道光环境营造"的发展理念,是以构建绿色隧道需求为牵引,剖析洞外环境的根本因素,解决"黑洞""白洞"现象,并从驾驶人员感受需求入手,分析隧道光环境与驾驶人员生理与心理之间的状态关系,揭示隧道光环境对行车安全与舒适的影响机理;分析新型技术的应用前景与效果;建立具有推广性的隧道光环境智慧控制策略,在实现科学节能的同时提升隧道整体光环境质量,实现绿色隧道行车安全、舒适和节能的目标。

1.隧道光环境的安全性

隧道出入口路段出现的"白洞效应"与"黑洞效应",会增加驾驶人的视觉负荷,进而有造成交通事故的风险。为此,许多学者针对隧道出入口路段的亮度进行研究。MSc.A.E通过大量实测数据研究了环境亮度$8000cd/m^2$、$6000cd/m^2$突变至$2cd/m^2$时隧道入口驾驶人所需暗适应时间和视认亮度。结果表明,驾驶人实际暗适应时间比CIE(2004)建议时间短。胡英奎针对4座隧道在不同时段进行实车试验,实测驾驶人在距隧道停车视距处至隧道洞口时不同位置的适应亮度变化规律,研究得出,驾驶人适应亮度随着与洞口距离的减小而降低,但是呈现非线性降低特性,在驾驶人距隧道洞口20~30m位置处开始,驾驶人适应亮度降低的速率增加。随着LED光源的大规模应用且LED灯具色温多样可调,导致在公路隧道照明中可使用的色温取值范围变大。因此,色温等指标对公路隧道照明视认性的影响以及灯具色温的选择也逐渐成为研究的关键问题。近几年的研究成果表明,光源的光谱功率分布不同所导致的亮度与色温的不同对人体反应时间与瞳孔大小均有直接影响。一些学者进行了光源色温对公路隧道照明视觉功效影响的初步研究，研究结果表明用高色温的紧凑型荧光灯照明能缩短反应时间，而低色温的紧凑型荧光灯则会延长反应时间。刘英婴通过视觉功效和光生物效应实验的研究，将5种色温的LED光源与传统照明光源高压钠灯（HPS）、金属卤化物灯（MH）相比较，分析了光源色温与反应时间和人眼瞳孔大小变化的关系，提出了适合隧道照明入口段的LED光源的光色。

特长隧道的交通事故频发，且发生事故后救援困难，重要原因之一是隧道中间段光环境存在的问题。长时间行驶在昏暗的环境中，一方面会造成驾驶人视觉功效下降，另一方面，幽闭的行车空间感会对驾驶人的生理心理状态等非视觉效应以及大脑认知、警醒度等非视觉系统生理调节功能产生影响，从而带来驾驶疲劳和懈怠的安全隐患。有研究发现，照明色温对光生物效应有明显作用，由此可见，色温对疲劳有一定的影响。同时由于隧道内环境亮度较低，容易对驾驶人在隧道内的交通信息感知以及反应产生影响。尤其长时间行驶在长隧道中，隧道内照明环境单一，驾驶人视觉感受单一，易出现驾驶疲劳，影响视觉功效，从而影响驾驶安全。

2. 隧道光环境的舒适性

公路隧道良好的入口段光环境可以提高行车舒适性，保证光环境与驾驶视认需求相协调，有效避免交通事故的发生。国际照明委员会在2004年提出隧道的安全照明必须使驾驶人在入口前接近隧道时能察觉立在路面上的小目标物体，从该物体能被看见起的距离应等于隧道设计速度的停车距离。入口段光环境评价方法有2种，视觉功效法用驾驶人的反应时间作为评价依据，日本学者通过驾驶人看到目标物至看清轮廓为止的反应时间，建立反应时间与路面亮度之间的关系模型；视觉心理满意度评价法统计对某种照明效果满意的人数百分数，根据心理的主观感受并量化隧道参数来描述光环境的视觉效果。此外，少数学者通过建立驾驶人生理和心理变化与路面亮度之间的关系模型进行光环境评价，得到驾驶人瞳孔面积变化速度和（心率变化率）等心理指标，可作为隧道进、出口的行车安全评价指标。还有学者根据反应时间，提出城市隧道入口段可在现有标准基础上减弱照明、在洞外道路上加强照明的方法，使城市隧道入口段照明与洞外道路照明的对比值控制在3∶1~5∶1之间，以适应驾驶视觉特点需求。

在隧道的中间段，由于结构相对封闭，汽车废气和灰尘不易及时排散，积聚会形成烟雾，影响驾驶人的视野。中间段还存在中间视觉效应的影响，从明视觉过渡到暗视觉的过程中，人眼的光谱灵敏度是逐渐变化的，整个光谱灵敏度曲线逐渐由长波向短波方向推移。人眼对黄色光和红色光的灵敏度随适应亮度下降而显著降低，而对蓝绿色光的反应却提高。蓝绿色光会抑制人体内褪黑素的分泌，提高机体的反应能力，影响人眼的瞳孔大小，这会直接影响到驾驶人的反应时间，即对视觉功效产生影响。为了全方位地进行客观反映，就需要对光环境质量特性进行综合性分析，以满足不同光环境条件下对驾驶人识认需求的影响。

3. 隧道光环境的节能性

随着经济和科学技术的不断发展，在隧道行车安全和舒适的基础上，越来越多的国内外学者开始关注隧道整体的节能性研究。而照明能耗占隧道总能耗的主要部分，具有很大的节能潜力。早在19世纪中叶，学者们就开展了关于公路隧道照明节能方面的研究，1950年，英国学者首次发现公路隧道中的"黑洞效应"会对行车安全产生影响，带动了世界各国对公路隧道照明进行节能研究，世界各国相继发布了相关的隧道照明设计标准与细则，隧道照明设计标准与细则的实施，有效地降低了隧道照明能源的消耗。公路隧道照明是随着高速公路的建设而发展起来的，而由于我国的交通行业建设起步较晚，因此，针对隧道照明技术的研究也晚于欧美发达国家。目前针对隧道照明节能方面的研究主要分两个方向：灯具的选择与安装形式；加装节能控制设施和使用智能控制系统。

在灯具的选择与安装方面，研究主要通过对比不同灯具的综合特性来选择合适的灯具，通过软件仿真或对实际隧道进行改造试验，以研究公路隧道灯具安装参数对隧道照明环境的影响。20世纪末，日本首先实施半导体照明应用计划。该计划主要对高效率白光荧光粉的获得、高质量材料生长等核心技术进行研究，而其中高效率白光荧光粉一经获得，便可为公路隧道照明提供高效率光源，进而降低隧道照明能耗。随后美国开始使用LED光源作为路灯光源，实行城市照明LED白光计划，该计划为隧道照明LED灯具的使用奠定了基础。国内也有研究验证了LED应用于隧道照明的优势，并为隧道照明节能提供了新思路。研究人员通过建立隧道照明灯具布置模型，对比了不同布灯形式和灯具照射角度对隧道照度、路面亮度、均匀度的影响，得出了不同隧道段的最佳布灯形式。部分学者建立了等比例隧道模型，以隧道中间段的照明参数为依托，分析了布灯高度变化对隧道内部照明环境的影响。同样有研究者以实际隧道为例，建立隧道照明布灯参数优化模型，以提高节能效果。

随着研究的不断深入，隧道照明节能的方法不再局限于灯具上，国内外在隧道照明的控制以及公路隧道施工上的研究成果丰厚，其中，在隧道照明控制方面，控制方式已经从原有的逻辑控制逐步向自动控制乃至智能控制靠拢。Domenico Luca Cami提出了一种通过将外部亮度、气候条件以及交通强度作为输入信号，自动操作和调节照明系统发出的光通量的智能控制方法,在提高驾驶人安全性和舒适度的同时降低了隧道照明成本和电能损耗。Mohamed Salah Musa等人设计了一种以LED作为照明灯具并能够适应隧道实时道路环境条件的智能隧道照明系统,研究表明,使用该系统可以减少22.1%的平均功耗。国内传统隧道照明控制方式多采用时序控制或部分自动控制,控制方式较为落后,不能适应新时期的智能化理念,因此,研究者们将智能化方法与隧道控制相结合,达到公路隧道运营更加安全、运营成本更加经济的目的。在2007年就有研究者采用遗传算法与神经网络方法在照明系统上进行了应用。

在此之后,有研究者设计了公路隧道照明实时控制系统。该系统针对隧道中间段照明构建了基于神经网络的模糊控制模型,可依据外亮度、隧道交通强度等实现隧道照明的无级调光,并以实际公路隧道为例,验证了该系统的有效性。后续的科学研究对各段进行了更为详细的划分,并以隧道洞外亮度、车流量、车速为输入变量,以入口段亮度、中间段亮度为输出变量,构建了基于神经网络的隧道照明控制模型,最终结果显示该模型训练结果较好,节能效果显著。近年有研究者提出了一种公路隧道自适应照明控制系统,明确各系统模块的系统功能以及控制流程,并结合实际工程隧道,设计了相应的节能测试方案,测试结果显示该系统节能效果可达68%。同样有研究者利用实时的交通流量、车速与洞外亮度信息,采用嵌入式技术以及模糊控制理论设计了隧道照明控制系统,并使用MATLAB软件进行了仿真,结果显示隧道照明节能效果良好。

总结国内外公路隧道照明节能技术的研究可以发现,国内普遍选用LED光源作为隧道照明灯具,对隧道照明智能控制方法的研究已成为主要方向,并且在设计时多采用模糊控制或机器学习等智能算法建立隧道照明控制模型。国外学者对隧道照明节能方法研究较为深入,在对隧道照明的灯具的选择上,目前也大都采用LED灯具作为隧道照明灯具,在隧道照明控制方法上,现有研究多基于多预案自动控制或智能控制进行优化,也有大量研究通过对隧道的外部环境进行改进,旨在通过降低隧道洞外亮度来降低入口段的需求亮度,实现照明节能。

三、气环境营造

公路隧道中气环境主要分为热湿环境和通风环境。运营阶段,隧道内部温度、湿度、有害气体的累积,会影响驾乘人员和养护作业人员的健康,且无法保证隧道内行车舒适度,甚至直接影响行车安全。隧道空间相对封闭,一旦发生火灾等事故,若得不到有效控制,将造成大量的人员伤亡和财产损失。烟气是造成人员伤亡的主要原因,事故通风是隧道建设和运行最重要的环节之一。运用合理、可靠、经济、高效的通风

绿色隧道

排烟技术来控制和消除烟气带来的危害是长大隧道通风系统建设的基本要求，也是保障隧道绿色、可持续发展的根本。因此，开展长大隧道绿色通风保障技术研究，具有重要意义。

隧道通风系统可以稀释污染物、改善隧道的热湿环境，确保隧道在施工和运营过程中的安全、健康、舒适，保持开阔的行车视野，但是通风系统的运行也会产生巨大的能源消耗。通风设计往往是特长公路隧道设计的重点和难点，在国家倡导"资源节约、环境友好型"公路建设理念指引下，在减少公路隧道能源消耗的前提下，保障隧道内的空气质量和安全舒适的行车环境，对促进公路建设的可持续发展具有重要意义。

1. 隧道内污染物控制

公路隧道是一个相对封闭的地下空间，隧道内空气污染物主要来自通过隧道机动车的尾气排放物，汽车尾气中的污染物随交通量的增加而持续增加，积累到一定浓度将会影响车内人员的身体健康和行车安全。汽车尾气中的有害物质很多，包括一氧化碳（CO）、二氧化碳（CO_2）、氮氧化物（NO_x）、铅（Pb）、二氧化硫（SO_2）和固体悬浮颗粒（烟尘）等，其中CO对人体健康的影响比较突出。汽车尾气刚排出时，NO_x的化学性质非常活泼，容易与空气中的氧气发生化学反应，氧化成毒性较大的NO_2。尾气中的颗粒物还含有强致癌物苯并芘，且车辆行驶时扬起的灰尘也对行车安全造成威胁。

（1）一氧化碳（CO）。CO是汽车排放的尾气中最主要的污染物。当行车速度较慢，发动机怠速空转时，由于汽车燃料的不完全燃烧，会产生含大量CO的废气。CO是一种无色无味的有毒气体，容易与人体中血红蛋白结合形成碳氧血红蛋白，降低血液的输氧能力，使体内缺氧，导致中枢神经系统麻痹，产生恶心、头痛、呼吸困难等症状，严重时会因停止血液循环而死亡。

（2）二氧化氮（NO_2）。NO_x以NO为主，NO在空气中易转化成对人体的危害较大的NO_2，所以隧道中的NO_x主要考虑NO_2的浓度。NO_2是一种棕红色、高度活性的气体，有刺激性气味，主要损害呼吸道，造成咽喉不适、干咳等，经历数小时或十几小时的潜伏期后发生迟发性肺水肿、成人呼吸窘迫综合征，出现胸闷、呼吸窘迫、咳嗽等症状。NO_2还能与空气中水蒸气反应生成硝酸，在一定程度上腐蚀隧道结构。

（3）烟尘。公路隧道中烟尘的来源主要有两个方面：不完全燃烧的汽车燃料产生和非燃料产生。燃料在高压燃烧条件下，低速工况下的汽油机和柴油机中燃料与气体混合不均匀，过浓混合气在高温缺氧区，燃料被裂解成炭，大部分是直径为0.1~10μm的多孔型炭粒，这些颗粒物容易吸附SO_2、致癌物苯并芘等可溶性有机物。由汽车尾气排出的颗粒90%以上的直径都小于1μm，说明汽油机和柴油机排放的颗粒物危害较严重。非燃料燃烧排放的颗粒物产生于车轮与路面的互相摩擦、汽车从隧道外附带的尘土、装运物料撒落路面或空中飞散和行驶过程中引起的二次扬尘。

机动车的尾气排放是公路隧道中污染物的排放源，20世纪70年代，欧洲、美国及亚洲的日本等工业发达国家开始了对机动车尾气污染物成分、排放强度及排放特征的研究。其中最有代表性的是美国国家环保局（EPA）的MOBILE系列模型和欧洲的CORINAIR模型。MOBILE的程序代码用FORTRAN语言编写，且能计算HC、CO和NO_x的平均排放因子，目前MOBILE模型已经获得了人们熟悉的8种机动车类型的排放因子。日本在公路隧道纵向通风的研究为世界隧道通风的发展作出了贡献，编制的《日本道路工团设计要领》被多国借鉴。

与欧美以及日本、韩国等发达国家相比，我国对公路隧道内空气质量的研究起步较晚。傅立新等人对美国国家环保局的MOBILE模型进行了修正和改进，建立起了适合我国城市特点的车辆污染物排放因子计算模型；王伯光等人通过对广州珠江隧道进行了机动车排放因子测试，根据实测数据计算了隧道内机动车NO、CO、PM的平均排放因子，并应用多元回归方法计算出了8类机动车排放污染物的单车排放因子；王玮、邓顺熙等人也分别利用隧道法对轻型机动车排放因子进行了测试计算。国内学者的研究结论为降低隧道内污染物浓度，保证汽车行驶的安全性以及车内人员的健康，开展对公路隧道通风和不同种类污染物浓度的控制研究提供了基础。

现行标准《公路隧道通风设计细则》（JTG/T D70/2-02）中对公路隧道通风设计标准要求如下：公路隧道通风设计的安全标准应以稀释机动车排放的烟尘为主，必要时可考虑隧道内机动车带来的粉尘污染；公路隧道通风设计的卫生标准应以稀释机动车排放的CO为主，必要时可考虑稀释NO_2；公路隧道通风设计的舒适性标准应以换气稀释机动车带来的异味为主，必要时可考虑稀释富余热量。PIARC十八届大会隧道技术委员会报告提出隧道使用时的舒适性标准，即稀释空气中的异味。随着汽车尾气排放的各种污染物均减少，因轮胎、制动及道路磨损而产生的颗粒物和扬尘已成为隧道洞内污染的重要因素。同时，一些国家已经把NO_x作为隧道内空气污染的控制因素。

但是，作为连接城市、城区的公路交通运输的公路隧道，由于其所处区域为经济发达城市，对行车舒适性、环保等要求较高，通风标准的选取要同时保证隧道内的安全与经济运行及隧道外的环境保护要求。其中，CO和NO_2对人体健康的影响比较突出，故通风设计时以将其浓度控制在一定的安全限度内作为主要的设计指标之一。目前我国隧道通风污染物浓度控制标准相对老旧，因此，有必要着眼于当前我国的技术现状、通风标准发展趋势等，针对公路隧道通风污染物浓度CO和NO_2设计浓度标准进行研究，为我国隧道通风设计提出建议，使需风量计算更加准确。

2. 隧道热湿环境改善

隧道内车辆快速、高密度的运行会使隧道内的热湿环境逐渐恶化，尤其在长大隧道中，很容易形成热量的累积，使得长大隧道的热湿环境更加恶劣。隧道内温度的升高还会使隧道衬砌和围岩吸收大量的热量，引起围岩力学性能的改变，最终导致对隧道洞口结构及洞身的巨大影响。对空气温度和围岩温度进行实际测试发现，经过7个月的运营，距隧道壁面0.6m处围岩温度升高了5℃，隧道内的空气温度升高了约2倍，模拟计算曲线表明，在经过10年左右的运营后，隧道内壁会发生严重的剥蚀现象，隧道墙体温度将会上升75℃，隧道内平均温度约上升8℃。

隧道内高温高湿环境危害较大，主要表现在以下几个方面：

（1）降低混凝土的强度、抗渗透度和耐久度，使衬砌表面发生塑性裂变，影响隧道结构的安全性和耐久性；

（2）影响人体新陈代谢，使人出现头晕、烦躁、胸闷、呼吸困难、心衰以及眼、鼻、呼吸道刺激等症状；

（3）影响人的心理健康，导致情绪敏感，注意力不集中，抑郁不安及心情烦躁；

（4）降低施工人员作业效率，使事故率发生率升高，空气温度每超过标准温度（26℃）1℃，生产效率将降低6%~8%；

（5）导致空调卸载、设备熄火、功率降低、零件老化加快。

长大公路隧道热环境非常重要，在隧道的设计阶段就需特别关注。《上海市工程建设规范：道路隧道设计标准》（DG TJ08-2033-J11197—2017）中规定：长度超过3km的隧道应对隧道温度进行计算，隧道内的温度不宜高于45℃，当温度高于45℃时，应采取降温措施。施工期间的隧道内温度标准按现行《公路隧道通风设计细则》（JTG/T D70/2-02）规定，施工期间隧道内气温不得大于28℃。国内外相关规范对隧道温度的要求大致相同，都是从职业健康角度提出的要求，但是均未对湿度提出具体要求。目前关于隧道热湿环境的研究还处于初步阶段，国内关于隧道热湿环境模拟和预测的研究较少，也没有针对隧道内热湿环境的设计规范等，因此，有必要进一步深入开展对隧道内热湿环境模拟的研究，预测隧道运营过程中温度湿度变化，提出隧道温湿度限值和热舒适性要求指标，为我国隧道通风设计提供参考和指导。

第二节 智慧服务

一、隧道火灾排烟

火灾烟气是危害人员安全和妨碍灭火救援的主要因素，因此，在隧道内须设计有效的通风排烟系统。隧道火灾工况下通风排烟模式的选择要充分考虑各种通风方式的特点，并根据隧道长度、平曲线半径、坡度、交通条件、气象条件和环境条件等，选择既有利于隧道防烟排烟，又经济、合理、便于运营维护的通风方式。

对于一些特别重要的隧道，如水下特长隧道，为了提高运营期安全、降低火灾的危害程度，排烟系统与日常运营通风系统独立设置。日常运营采用全射流纵向式通风（图6-1）、竖井分段纵向通风（图6-2）等模式，火灾时采用设置独立排烟道的集中排烟模式（图6-3）等。典型案例通风排烟模式见表6-1。

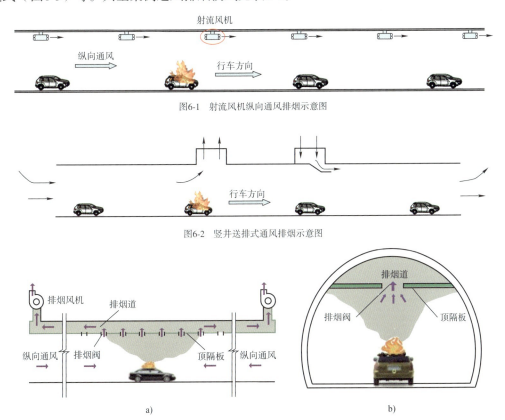

图6-1 射流风机纵向通风排烟示意图

图6-2 竖井送排式通风排烟示意图

图6-3 顶部独立排烟道系统的工作原理

典型案例通风排烟模式　　　　　　　　　　　　　表6-1

隧道名称	火灾规模	排烟模式
南京长江隧道	20MW	纵向通风排烟，$v \geq 2.5$m/s
终南山隧道	20MW	竖井分段纵向通风排烟，$v \geq 2.5$m/s
厦门翔安海底隧道	20MW	纵向通风排烟，$v \geq 3.0$m/s
武汉长江隧道	20MW	竖井排出式纵向通风+顶部集中排烟，排烟阀间距60m，尺寸2.0m×1.5m×3个
括苍山隧道	30MW	竖井分段纵向通风+顶部集中排烟，排烟阀间距25m，尺寸1.5m×2.0m
钱江隧道	50MW	纵向通风排烟+顶部集中排烟，排烟阀间距60m，尺寸4.0m×1.25m
上海长江隧道	50MW	纵向通风排烟+顶部集中排烟，排烟阀间距60m，尺寸4.0m×2.0m
汕头苏埃海湾通道	50MW	纵向通风排烟+顶部集中排烟，排烟阀间距60m，尺寸5.0m×1.2m
港珠澳大桥海底隧道	50MW	纵向通风排烟+侧向集中排烟，排烟阀间距67.5m，尺寸2.0m×1.0m×3个
苏锡常南部高速公路太湖隧道	50MW	纵向通风排烟+侧向集中排烟，排烟阀间距60m，尺寸3.0m×2.0m
日本东京湾隧道	50MW	纵向通风排烟

隧道内交通情况正常时，采用射流风机纵向通风排烟，此时控烟的关键技术参数是临界风速值。交通堵塞时，采用独立排烟道集中排烟可有效控制烟气蔓延及沉降，从而提高防灾救援的安全性，减小了纵向通风火灾烟雾沿纵向蔓延带来的危害，使通风既节能又安全，此时控烟的关键技术参数是排烟量、排烟阀面积及尺寸、排烟阀间距和排烟阀开启个数及方式。

在纵向通风排烟与集中排烟结合的组合式通风排烟模式下，需要考虑临界风速、排烟口间距及面积、排烟阀开启方式等的设计，对烟气进行控制，保障人员的安全。设计的具体流程如图6-4所示。

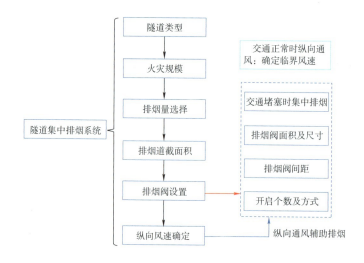

图6-4　设计流程

二、隧道人员疏散

隧道中人员疏散较为困难，火灾情况下的人员安全疏散是隧道安全设计的主要目标。采取合理的疏散措施对于保证隧道发生火灾时人员的生命安全有着极为重要的意义。国内部分公路隧道典型案例采取的疏散方式及设计参数见表6-2。

国内公路隧道典型案例不完全统计表　　　　表6-2

隧道名称	疏散方式	设计参数
南京长江隧道	疏散滑梯+救援楼梯	间距80m
汕头苏埃通道	疏散楼梯	间距80m
南京和燕路过江通道	疏散楼梯+疏散滑梯	间距60m
南京市五桥夹江隧道	疏散楼梯	间距80m
钱江隧道	疏散滑梯+人行横通道	疏散滑梯间距80m，人行横通道间距约800m
上海长江隧道	疏散楼梯+人行横通道	疏散楼梯间距280m，人行横通道间距约800m
港珠澳大桥海底隧道	安全疏散通道	安全疏散门间距67.5m
京珠高速公路大宝山隧道	疏散横通道	—
终南山隧道	疏散横通道	—
苏锡常南部高速公路太湖隧道	安全疏散通道	安全疏散门间距120m

隧道内人员疏散的可用途径和设施一般包括以下几个方面：疏散横通道、疏散楼梯及滑梯、其他疏散设施。

1. 疏散横通道

隧道发生火灾时，人员及车辆需要通过疏散横通道向安全区域疏散。在隧道火灾初期，疏散横通道（图6-5）可以视为准安全区域，因为此时近火源区域温度不高，烟气浓度较低，烟气分层明显且烟气层界面较高，对在疏散横通道上的人员尚不能构成威胁。但随着火势的蔓延，疏散横通道将不再安全。

图6-5　疏散横通道示意图

双洞分离的公路隧道，双洞之间应根据《公路隧道设计规范　第一册　土建工程》（JTG 3370.1—2018）的规定设置人行横通道、车行横通道。单洞双向通行的特长公路隧道，宜设置平行通道、人行横通道、车行横通道等设施，并应符合《公路隧道设计规范

第一册　土建工程》（JTG 3370.1—2018）的规定。

2. 人行横通道

人行横通道的设置间距可取250m，并不大于500m，人行横通道的净宽度与净高度应分别不小于2.5m和2m，两端应设置甲级常闭式防火门，并向人行横通道内开启。

人行横通道应有良好的防排水措施，道面应防滑。人行横通道纵坡大于20%时，宜设置踏步台阶，边墙两侧宜设扶手，扶手高度宜为0.9m。

人行横通道应有良好的通风、应急照明设施，其内部的排水等设施不得影响人员安全疏散。

隧道长度小于500m的隧道可不设置人行横通道；长度在500~800m之间的隧道应设置一处人行横通道；长度超过800m的隧道每250~400m应设置一处人行横通道。同时人行横通道可利用车行横通道。

除短隧道以外的隧道，应设置人行疏散通道或两孔之间的横向人行通道，但符合下列两个条件的双层隧道可不设置横向人行通道或人行疏散通道：①当上、下层车道之间设置封闭楼梯间，楼梯间距不大于120m，宽度不小于0.8m，楼梯坡度不大于60°时；②设有泡沫-水喷雾联用灭火系统时。

3. 车行横通道

车行横通道的设置间距可取750m，并不得大于1000m；长度在1000~1500m之间的隧道宜设1处车行横通道，中、短隧道可不设车行横通道；车行横通道的净高度和净宽度应分别不小于5m和4.5m，车行横通道两端的甲级防火卷帘应具备手动及远程控制功能，并在两端设置手动开启装置。车行横通道两端的隧道内应设置凸镜和警示标志。

隧道与车行横通道或车行疏散通道的连通处，应采取防火分隔措施。车行横通道的纵坡不宜大于5%，最大纵坡不应大于10%。

隧道长度小于1000m的隧道可以不设置车行横通道；长度在1000~1500m之间的隧道应在适中位置设置一处车行横通道；长度超过1500m的隧道应每隔750~1000m设置一处车行横通道。

4. 疏散楼梯

双层式地下道路设置上下层疏散楼梯，或单层式地下道路设置向下疏散楼梯时，其设置间距不宜大于250m，楼梯坡度不大于60°，宽度不小于0.8m。疏散楼梯如图6-6所示。

5. 疏散滑梯

疏散滑梯是在紧急情况下供人员逃生所用；在紧急情况下，疏散滑梯口上方的盖板可以手动或自动打开，供人员滑到隧道下层的空间，到达安全的区域。

图6-6　疏散楼梯

下滑辅助逃生口的设置间距不宜大于120m；下滑辅助逃生口及出入口采用盖板形式的楼梯，其盖板应能承受行车荷载并便于开启；盖板的开启应具有手动和远程控制的功能，盖板开启信号应反馈至消防控制室。滑梯疏散速率宜大于30人/min。疏散滑梯如图6-7所示。

图6-7　疏散滑梯

6. 疏散标志

隧道内的疏散标志包括横通道及避难所指示标志、紧急停车带标志、疏散指示标志等。疏散标志的图形、文字、规格型号和技术要求应按照现行国家标准《消防应急照明和疏散指示系统技术标准》（GB 51309）执行。

7. 火灾应急照明

隧道内发生火灾时，安全疏散和灭火救援的主要活动场所都在隧道内，此时能见度极低，这是隧道火灾与地面火灾的重大差别。一旦照明中断，隧道内将发生重大交通事故和严重的交通堵塞，必须在火灾现场保留一定亮度、照度的应急照明，且供电时间应能与安全疏散和灭火救援时间相对应，以确保人车安全疏散和灭火救援的正常开展。我国的相关规范规定：隧道自身及横洞、独立避难间、专用避难疏散通道及其前室等，都需要设置应急照明，并设置UPS，供电时间一般不应少于30min。

8. 火灾应急广播及紧急电话

隧道火灾应急广播系统的扬声器一般应设置在隧道紧急停车带内、人行横通道或车行横通道附近；为控制隧道外的交通，还应在隧道两端出入口广场各设置一个扬声器。隧道内扬声器可固定在灯具下方行车方向右侧的隧道侧壁上，一般应面向行车方向，并可垂直和水平调节扬声器的朝向。我国的相关规范规定：扬声器和固定设施的几何尺寸不应超过隧道建筑净空限界，扬声器功率应为5~50W，频率范围应为80~10000Hz。一般宜在隧道出、入口各设置一台紧急电话分机；宜每隔200m设置一台紧急电话。

9. 横向疏散通道

采用横向疏散的工程至少需要两条隧道，利用车行横通道或人行横通道彼此连接来进行疏散。当某一隧道内发生突发事件（火灾）时，人员和车辆能够通过隧道内设置的横向疏散通道或安全疏散门进入另一侧的隧道，设置的主要结构形式如图6-8所示。

图6-8 横向疏散通道结构形式

10. 纵向疏散通道

当隧道内设置横向疏散方式困难时，便可采取纵向疏散模式。现阶段，大多数水下公路隧道主要采用疏散滑梯、疏散（救援）楼梯和竖井疏散等方式进行人员疏散。

11. 设置下部纵向疏散通道

设置下部纵向疏散通道的公路隧道一般为盾构法施工的水下隧道。此类隧道主要由上、下两部分组成。上部为车行隧道，下部为疏散通道和电缆廊道等通道。在车行隧道内，每隔一定距离设置一个疏散口，疏散口通过曲线滑梯或楼梯与下部纵向疏散通道相连，如图6-9所示。

a) 疏散滑梯

b) 疏散楼梯

图6-9 下部纵向疏散通道

12. 上下层互为疏散通道

上下层互为疏散通道（图6-10）的形式常设置于大断面双层盾构隧道。该类隧道主要由上部行车道和下部行车道两部分组成。上部行车道与下部行车道之间通过疏散楼梯间互相连接。

13. "两孔一廊"疏散通道

该形式常设置于沉管隧道中。该类隧道断面为"两孔一廊"的形式，行车道层与中间疏散通道之间利用安全疏散门连接，如图6-11所示。

三、隧道火灾应急联动控制

火灾时，隧道必须立即停止使用，并在隧道火灾事故应急联动控制系统作用下，实施消灾、救灾和救护等工作。隧道内发生火灾，火灾自动检测系统将实时火灾信息（时间、地点）上报至隧道应急指挥中心，并在中控室发出报警。经过人工确认警报信息后，将该系统启动联动流程，自动实施广播、疏散、排烟、灭火等工作。应急联动系统的其他分系统也将根据火灾信息，在中央计算机系统的统一协调下，产生相应的联动动作。

根据隧道内火灾发生、发展规律，结合火灾事故应急处理过程，隧道内火灾事故应急联动控制方案一般可分为六个阶段，如图6-12所示。

图6-10 上下层互为疏散通道

绿色隧道

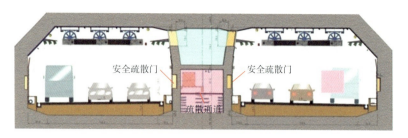

图6-11 "两孔一廊"的疏散通道

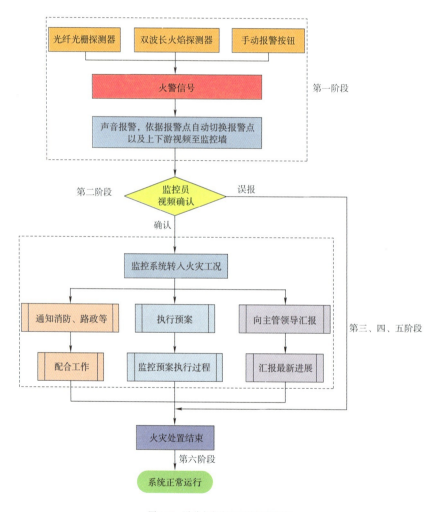

图6-12 隧道火灾应急联动控制方案

第一阶段：火灾发生，进行火灾检测、声光报警、指挥中心接警等，确认报警设备类（火灾探测器、手报按钮、紧急电话、接线道路管理中心接线道路报警等）。

第二阶段：通过视频监控设备和工作人员现场确认，判断灾情报警是否属实、确定火场方位、火灾发生时间等，选择并确定预案，向隧道现场、接线道路管理中心发出警告和通知。

第三阶段：启动应急联动控制预案，并确认交通流控制、排烟控制、消防控制预案的执行情况。通过有/无线广播、电话等通信设备指挥现场人员采取行动。根据具体情况，下达指令至应变部门组织抢险，并在第一时间将火情上报消防部门、救护部门。

第四阶段：应变响应阶段，救援救护人员到场，在中控中心的统一指挥下，执行应变计划流程，根据具体情况决定实施第五或第六阶段工作。

第五阶段：疏散与人员救助，通风排烟系统启动，实施灭火和救援。现场应变人员配合有/无线广播和智能信息板发布指令、信息等，指挥人员疏散、车辆撤离，并根据现场情况确定实施通风排烟和灭火作战方案。

第六阶段：恢复及清理，确认灾情消除，清理现场，恢复现场通行条件，按恢复通行预案操作运营。

四、水下隧道智慧防灾与应急演练仿真平台

当前，对于水下隧道项目的运维阶段引入了多种数字化设备、设施和应用系统，如大型云平台控制系统、自动化环境监测系统、设备状态监测系统、火灾预警与交通事故应急管理系统等一系列管理手段和方法，使得水下隧道在运维期间的可视化、数字化水平不断提高，对确保水下隧道结构安全和风险防范起到了至关重要的作用。但与此同时，水下隧道火灾通常具有起火原因多样，烟气中毒性气体浓度高，着火点具有移动性，火源热释放速率峰值高、蔓延快、疏散救援难度大等现实特点。这些问题受到信息化基础条件的限制，加之隧道整体的多维度空间信息数据整合、工作流程信息与操作指令的上传下达产生的"数据时差"、各类设备实时数据的采集等能力极大受限、数据整合后未能充分分类，导致利用效率低下，制约了在环境监测和应急疏散过程中的可视化和智能化实现。基于以上因素，研究开发云-边-端一体化的火灾监测快速感知、基于数字孪生的多源数据信息物理融合、基于智能化技术的疏散演练模拟系统平台，对于长距离水下隧道的安全运行与灾害防控具有重要意义。

1. 长距离水下隧道交通状况、事故及突发状态识别、感知与控制

针对长距离水下隧道可识别的交通状况进行目标监测，重点解决视频传感器节点中目标检测的流程及相关算法问题，构建长距离水下隧道交通状况、事故及突发状态的识别、感知和控制系统。

基于目标检测的车辆识别与定位模型，构建车辆属性细粒度分类网络，利用原有监

控设备或增设监控设备，通过对关键断面内车辆信息（车型、车轴、车道等）的实时自动识别，实现车流量分类统计并推送至系统。

构建基于深度学习的多目标跟踪技术，实现对单摄像头内多辆车辆轨迹的实时动态跟踪；基于深度哈希算法，构建历史车辆哈希码数据库，将当前检测结果与数据库匹配，实现跨摄像头信息匹配，实现对全域范围内车辆运行状态和轨迹的分析。

2. 构建基于数字孪生的长距离水下隧道交通事故及火灾场景

（1）基于传感网络节点数据（标量数据、图像、位置信息等）的数据抽象与参数化集成问题。创建虚拟的共享数据视图，融合水下隧道现场感知终端采集的数据源，基于多智能体网络系统感知节点属性与BIM模型之间的映射，实现BIM模型构件与危险品目标监测数据的提取与关联，增强对监测数据离散的处理能力。根据不同的数据特征与虚拟环境模型之间的关系，实现交通场景在线数据与孪生体场景中显示与环境要素设定。

（2）利用BIM技术、Web技术等，构建一体化智能空间场景环境模型。将监测设备情况与水下隧道BIM模型相关联，构建包括信息感知层、数据处理层、数据传输层、硬件支撑层和监测服务层的水下隧道防灾监测处理系统框架，有效提高水下隧道火灾及交通事故监测处理系统的稳定性、灵敏度和多任务协同工作的能力。通过智能摄像头系统对火灾及交通事故视频图像进行识别处理，通过多传感器设备协同判别并传递防灾信息；通过边缘终端的数据共享，加强各类监测设备的关联性和耦合性，对安全隐患和风险点进行协同排查，进而提高对水下隧道事故的应急管理效率。

3. 构建基于数字孪生技术的水下隧道火灾预警和防灾演练模拟系统

基于水下隧道实时感知信息驱动，融合突发事件应急疏散所需各类信息数据，研究应急处置方案的启动判别与响应问题，专题拟结合高频连续的环境监测信息对应急演练预案库进行模拟分析，为事件的应急处置提供辅助决策。

通过数字孪生平台，开展数字化仿真演练培训，解决应急预案演练中多层级、不同位置人员的协同问题。参与人员可以在统一的平台上检索和分析灾害演变情况，实时掌握灾害现场环境因素，观察灾害演变情况，这对于数字化应急预案演练的精准、快速开展具有重要意义。

4. 面向水下隧道既有通信和监控FAS/BAS的对接与集成

对现有建筑内监测系统的架构、技术特点以及与BIM系统集成的技术难点进行分析，然后提出一种支持多协议的BIM系统和监测系统集成框架，最后，通过开发基于传感器的建筑环境监测及报警系统，并与BIM系统集成，验证该集成框架的有效性。

空间：以人为本，低碳运营 第 六 章

第三节 低碳运营

一、监控监测技术

监控系统应按安全适用、技术先进、经济合理的原则进行设计，各系统的设计应符合国家现行有关标准规定，以确保隧道内设备正常运营和人身安全，提高车辆通行效率，并实现疏导交通、防灾和救灾功能。基于综合监控理念，隧道机电设备实现统一监控、集中管理、多专业综合、多功能集成、多系统信息的互联互通和资源共享。系统包含中央管理层和现场检测控制层的两层网络架构，并充分考虑系统的容错及降级处理要求。隧道监测监控系统组成主要包括：①中央监控管理系统；②设备监控系统；③交通监控系统；④视频监控系统；⑤火灾自动报警及消防联动系统；⑥有线电话、有线广播系统；⑦无线通信系统；⑧供电系统等。监控系统的组成及功能见表6-3。

监控系统组成及功能 表6-3

序号	系统名称	组成	功能
1	中央监控管理系统	计算机网络系统、大屏幕显示系统和系统应用软件等	监测和控制隧道的运行状况及各种设备的运行和故障处理，协调各子系统之间的工作；收集、分析、处理隧道的各种状态数据和运行数据，进行各系统的运行模拟和仿真，提供优化运行方案，达到节能和提高运行效率的目的；提供在事故、火灾等紧急情况下的救援指挥和针对突发事件的应急预案
2	设备监控系统	环境质量监测仪表、电力监控	监测CO浓度、能见度、温湿度、NO_2、风速、风向、室外光照度等
3	交通监控系统	车辆检测设备、超高检测装置、车道控制设备、信息诱导设备、交通控制单元等	隧道的交通协调和营运管理，监视车辆运行，采集隧道内车流的平均车速、车流量、车型、道路占有率等交通参数；其目标是保障隧道行车安全，提高通行效率，有效管理交通，避免交通事故的发生
4	视频监控系统	前端摄像机、传输设备、后端视频处理及显示设备	隧道外摄像机可全方位监视洞口交通运行状况；隧道内摄像机可连续监视隧道内车辆运行情况和报警救援位置；重要设备用房内的摄像机可监视人员的出入状况
5	火灾自动报警及消防联动系统	火灾自动报警及消防联动控制系统、消防电话系统和消防广播系统	火灾监测、预警及自动报警，应急广播
6	有线电话、有线广播系统	业务电话系统、紧急电话系统	主要在隧道内阻塞、交通事故、火灾等情况下使用。当隧道内发生火灾或交通事故等时，中央控制室的值班人员可通过广播系统向隧道内车辆进行喊话，向其传递信息、进行避难指向；平时也可利用此系统灵活传递前方车道养护施工状态和交通信息

续上表

序号	系统名称	组成	功能
7	无线通信系统	隧道运维调度专用无线对讲系统（450M）、调频广播系统、公安、消防、交管350M警用无线通信系统及商用无线通信系统	主要在隧道内阻塞、交通事故、火灾等情况下使用。当隧道内发生火灾或交通事故等时，中央控制室的值班人员可通过广播系统向隧道内车辆进行喊话，向其传递信息、进行避难指向；平时也可利用此系统灵活传递前方车道养护施工状态和交通信息
8	供电系统	变电所的配电系统及电网电路等	为整个工程的综合监控系统设备供电
…	…	…	…

传统的隧道监测系统主要在以上8个方面，对于气体的监测主要在隧道汽车行驶尾气上。近年来，在隧道监测方面引入低碳监测设备对隧道内CO_2进行监控并分析，结合空气净化系统，实现隧道降碳、低碳运行。某隧道在线监测系统如图6-13所示。

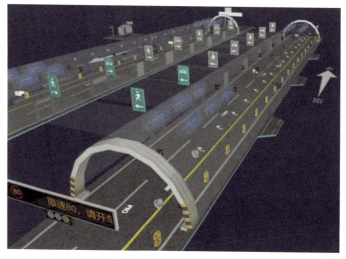

图6-13　某隧道在线监测系统

二、低碳运营管理

隧道在保证服务质量、安全运行等基本要求的前提下，在运营管理中融入全寿命周期、可持续发展理念，通过科学管理、技术改造和行为引导，依托信息化管理平台，提高运营管理的技术含量。在隧道全寿命周期内实现管理节能、技术节能和经济节能。具体方式有：

（1）重视运营管理与人员结构。隧道运营管理团队以原建设团队为基础组建，工程技术人员的留任在运营过程中可以发挥重要作用；采取绿色建筑技术措施，做到有设计必有施工、有施工必有运行。

（2）重视管理制度与运行过程。隧道运行有严格的技术管理制度，按执行层、管理层与决策层三个层面分工负责；严格执行运行规程，及时、完整、真实、清晰地记录运行数据，定期出具系统运行管理报告。

（3）重视数据分析与优化更新。按8个系统分类，并定期进行运行数据的整理与分析报告；根据运行记录或分析发现异常情况，寻找短期和长期解决方案并择机实施；对能耗使用情况进行分析，实施精细化的运行模式。

三、能源自洽

目前，大多数隧道能源主要来自电网供电，从节能减排方面考虑，这既不符合现阶段国家低碳发展战略，也给运营单位带来了相当高的经济成本。从节能来说，主要有以下几个方面：

（1）考虑将隧道中的风机更换为低碳节能型风机，减小功耗，节省电能，并合理利用自然风进行隧道通风。

（2）在保证正常照明和行车安全的前提下，尽可能使用功耗小的照明设备。通过在隧道口内壁上贴白色瓷砖或涂抹白色颜料，利用白色不吸收光这一特性增加隧道口亮度，缓解驾驶人对隧道内外亮度差的不适应程度，进而减少隧道口设置的照明灯数量，节约电能。

（3）在运营过程中，可以根据当地实际情况，考虑利用地热能、风能或者太阳能、氢能等绿色清洁能源，这些可再生资源在为收费站提供所需能源的同时，可以做到零污染零排放，且取之不尽、用之不竭。图6-14为风光氢储能系统供电示意图，图6-15为风光发电实景图。

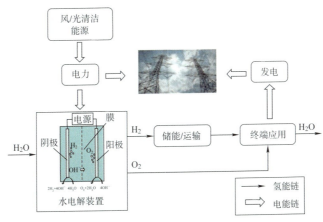

图6-14　风光氢储能系统供电示意图

绿色隧道

图6-15　风光发电实图

隧道实现能源自给的例子在我国有很多，如在浙江省峡湖金公路隧道光伏发电系统投入使用。据统计，该系统年发电能量可达44300kW·h，每年节省资金4.4万多元，相当于节省17.7t标准煤，减少排放12.03t碳粉尘、47.08t CO_2、1.33t SO_2 和0.66t NO_x。未来，自给式供电系统将会成为隧道供电系统的主要方式。

第七章

实践：跬步千里，小流江海

第一节 "江浙隧之首，人在画中游"
——宜长高速公路隧道群（山岭隧道）

宜兴至长兴高速公路（以下简称"宜长高速公路"）作为江苏首条以隧道跨越江浙省界的高速公路，一举成为打通苏南和浙西北的快速通道，极大缓解了宁杭高速公路交通压力，不仅拉近了江苏和浙江的距离，对加速推进长三角一体化和沿线区域经济社会快速发展等具有重要意义，将成为拉动江浙省际经济、旅游发展的新引擎。

宜长高速公路采用多种创新设计、因地制宜和绿色低碳理念、节能技术，积极响应"双碳"政策，严格秉持"百年宜长、品质宜长、平安宜长、美丽宜长"的建设理念，从"品质""生态""空间"的角度出发，致力于建设结构耐久、绿色节能的绿色公路隧道，打造以人为本的流动环境友好空间，最大程度地实现人与自然和谐共生的高质量隧道；摆脱一般意义上的感官"绿"，做到真正的品质"绿"，并逐步深入到服务"绿"。

一、项目概况

宜长高速公路江苏段是江苏省高速公路网规划中"纵四"线路的重要组成部分，是江苏与浙江之间重要的省际通道，是宁杭快速通道的组成部分。项目起点位于宁杭高速

绿色隧道

公路徐舍互通西侧，向东南跨越云湖路后在张渚和西渚之间前行，随后上跨S342省道，在茗岭街道西侧上跨云岭路后，从微丘区逐渐向重丘区前行，穿越庙山至葡萄岭与浙江杭长高速公路北延段衔接，路线长25.453km。全线共设堰南枢纽、张渚互通和云湖互通3处互通式立交；在张渚镇设服务区1处；全线共设隧道4座，分别为梅子岭隧道、庙山一号隧道、庙山二号隧道、葡萄岭隧道（江浙共建隧道，总长约2500m，其中江苏段长约1800m），总长3453.98m。

本项目是江苏省唯一以隧道形式衔接的跨省高速公路，山岭隧道里程、数量均居江苏省第一，隧道施工周期长，难度大，品质要求高；沿线地表植被发育、旅游资源十分丰富，生态要求突出；域内经济发达、居住区与工业厂房密集、环境敏感点突显，人本要求高。

二、品质建设

品质上保证结构耐久、平安百年。结合山岭隧道工程特点及环境，在创新的基础上有针对性地进行安全耐久设计，明确设计中理念、功能及控制指标，高度重视隧道建成后的交通安全性、环保节能。

本项目品质建设主要从隧道结构耐久性、钢筋保护层厚度控制、防水质量控制、施工机械合理运用等几方面考虑，朝着打造"平安百年品质工程建设"的目标而努力。

1. 隧道结构耐久性

结合工程特点和环境条件，有针对性地开展耐久性设计，明确耐久性指标及控制要求。隧道结构采用耐久性设计与承载力极限设计并重的原则，设计使用年限为100年，隧道二次衬砌采用C30（钢筋）混凝土，抗渗等级不低于P8，钢筋保护层厚度不小于50mm。

设计中要求混凝土原材料品质、外加剂性能、配合比参数限值严格按照《混凝土结构耐久性设计标准》（GB 50476—2019）相关条款执行；并从二次衬砌钢筋定位放样、衬砌钢筋连接、排水管固定、防水板铺设、喷淋养护等方面对混凝土施工工艺提出严格要求。在确保隧道混凝土质量的同时，提升混凝土耐久性与美观性。

施工中除严格按照有关技术标准及施工图设计文件执行外，还结合当地原材料品质、项目沿线环境、气候等特点，对混凝土质量控制进行了深入研究。通过增设限位钢筋、定位钢筋，及时检查纠偏等措施，确保隧道二次衬砌混凝土保护层厚度满足设计要求。通过对原材料把关、外加剂适配、试验配合比优化、施工配合比调整、浇筑振捣工艺优化等一系列的控制措施，在保证混凝土在满足各项力学性能指标的基础上，具有良好的外观质量，实现了混凝土材料与结构的"内实外美"，打造了名副其实的品质工程。

2. 二次衬砌钢筋保护层厚度控制

针对山岭隧道二次衬砌混凝土保护层厚度质量较差的通病，从目前国内隧道施工水平和质量控制等方面进行原因分析，为确保宜长高速公路隧道二次衬砌混凝土钢筋保护层厚度取得较高的合格率，采取如下措施：

（1）在内外层环向受力钢筋之间增设构造限位钢筋，发挥限位钢筋"撑"的作用，以保证内外层环向主筋间距不缩小。

（2）严格控制箍筋质量，发挥箍筋"拉"的作用，以保证内外层环向主筋间距不向外扩大。

（3）严控施工细节，对钢筋存在局部变形处进行纠偏。

（4）建立二次衬砌钢筋质量巡查制度，在二次衬砌浇筑前对二次衬砌配筋进行核验。

宜长高速公路山岭隧道钢筋保护层控制如图7-1所示。

3. 防水卷材质量控制

工程实施中为加强隐蔽工程中防水卷材质量，确保隧道防水效果，对防水卷材的原材料与施工工艺作出特别要求。

1）原材料要求

（1）加强防水主材与配件的质量控制，

图 7-1　宜长高速公路山岭隧道钢筋保护层控制

做好材料验厂和外委检测工作，落实到每个批次产品。

（2）严控防排水管道打孔技术标准，在满足排水要求的同时，尽可能减少打孔对管材自身的影响。

（3）为提高防水层耐久性，要求HDPE（高密度聚乙烯）防水卷材无色透明，在没有背光的条件下应能看清HDPE防水卷材下的热熔衬垫的颜色、位置和形状。

2）施工工艺要求

（1）初期支护表面应平整、无尖锐物，严禁刺穿防水层。不平时需补喷混凝土或砂浆找平使其表面平整圆顺，凹凸量不超过±5cm。

（2）隧道洞身环向排水管（P50HDPE双壁打孔波纹管）用PE板+射钉固定，松紧适度。射钉长为50mm，固定间距按拱部50~80cm、边墙80~150cm控制。

（3）HDPE防水卷材采用整幅铺设。上下搭接处应采用上压下，并且上下搭接处要热熔焊接。为避免二次衬砌混凝土浇筑时撕裂防水层，铺设HDPE防水卷材要松弛适度，环向松弛率为10%，纵向松弛率为6%，并可结合初期支护表面平整程度适当调整。

（4）HDPE防水卷材环向接缝应与沉降缝、二次衬砌施工缝、无纺布接缝错开1m以上，连接部位接缝宽度需大于10cm。接缝采用热熔焊接，双焊缝的有效焊接宽度不小于15mm。

（5）应避免钢筋焊接时破坏防水卷材，需在施作防水卷材前临时加设厚阻燃挡板。

（6）安装模板台车前应全面检查防水卷材的破损情况，并及时修补。

防水卷材安装现场如图7-2所示。

4. 施工机械

1）多臂凿岩机（图7-3）

隧道钻孔施工时，积极采用"多臂凿岩机"进行钻孔作业，取代人工钻孔作业，以提高机械化施工水平，提高工作效率，提升施工进度；同时改善现场恶劣的施工条件，减少隧道开挖施工中的人员投入，减轻人员劳动强度，拉大作业人员与掌子面的安全距离，降低隧道施工安全风险。通过准确设置钻孔深度及外偏角等关键参数，按照统一标准施钻，并及时纠正数据，大大提高施工精度和效率，实现"机器换人"。

图7-2 防水卷材安装现场

图7-3 多臂凿岩机

2）混凝土喷射机

隧道采用"混凝土喷射机"（图7-4）进行初期支护施工作业，可有效提高喷射混凝土的施工质量，减少回弹量，减少隧道内施工人员数量，减轻喷射混凝土作业劳动强度，改善掌子面施工环境，提高工人健康水平，减少人力成本。

三、生态建设

生态上保证绿色建造，节能降碳。宜长高速公路江苏段途经平原、丘陵、低山区，沿线植被丰富，周边有宜兴竹海、善卷洞等众多知名景区。项目因地制宜采用隧道群穿越山岭，本着绿色建造的理念，严格把控绿色策划和绿色设计，以节约资源、保护环境为核心，以绿色设计、精细管理、科技创新为抓手，制定合理的工程设计方案，使其既保持了沿线生态原貌，又与周边景观融为一体，成为苏浙间的一条绿色生态长廊。

图7-4 混凝土喷射机施作

1. 生态选线

为最大程度地保护原有生态，采用生态选线，经充分比选论证，最终选择隧道规模相对较大、环境影响最小的路线方案，以保护宜南山区的茶山竹海（图7-5）。同时根据项目沿线地形地貌，灵活设计路基、桥隧结构形式，节约土地资源，减少深路堑边坡开挖量，降低能耗和成本（图7-6）。

图7-5 梅子岭隧道实景图

图7-6　错台式分离路基实景图

2. 生态保护

对隧道洞口、桥梁施工区、路堑开挖区域进行专项设计，按照"边建边绿"原则开展生态恢复。特别是在隧道洞口边仰坡采用高强面板格宾石笼挡墙（图7-7）+加筋麦克垫（含高性能生态基材喷播）防护形式，有效提高边仰坡整体稳定性，兼具生态性和景观性。

图7-7　隧道口格宾石笼挡墙

隧道洞口宜注重保护原有的自然生态环境，尽量减少破坏原有景观。洞口的景观要与四周环境相协调，除必要的进洞口标志"明示"外，要尽量做到保持自然生态，使洞口的景观与山景融为一体。

结合竹翠、茶香、陶韵的地方特色，开展路堑开挖区域、隧道洞口景观绿化，与周边景观融为一体。根据隧道洞口现状植被，融入当地环境宜生长植物，并于隧道洞口增设入口标志景石，搭配绿化组团，营造入口景观（图7-8）。

图7-8　隧道边仰坡绿化实景

3. 洞渣综合利用

本项目隧道洞渣共110.79万m^3，充分考虑路基工程的施工时序，综合利用隧道洞渣，即采用填石路基技术，部分洞渣用于路基填筑，减少外借土方约59.6万m^3，减少取土场约0.25km^2；通过试验研究利用隧道洞渣加工砂石料用于水泥稳定碎石底基层及基层和隧道仰拱混凝土，减少外购砂石料超过45万t；并结合其他工程建设及地方基础设施建设，对隧道洞渣进行了综合利用，综合利用率达90%以上；剩余洞渣被地方政府调用，减少弃渣场约0.15km^2，避免了弃渣破坏生态环境，减少大量人力、物力资源和其他浪费。隧道洞渣加工中心如图7-9所示。

图7-9　隧道洞渣加工中心

4. 废水处理及利用

隧道施工废水排放至隧道洞口，接入设置于隧道周边的三级沉淀池内，废水经沉淀池将固体悬浮物进行逐级沉淀处理，待pH值及固体悬浮物满足要求后进行排放。

如图7-10所示，葡萄岭隧道长兴端施工配备专用废水处理设备开展施工废水净化处理，并委托全国知名环保企业现场指导工作，利用现代化废水处理设备，采用先进的检测技术和手段，通过物理、化学处理方法，对隧道废水进行有效处理，在环境保护工作要求极高的当前环境下，完成了隧道废水处理100%达标，部分净化水用于水车洒水抑尘和清洗，其余达二级标准排放，满足Ⅱ类水源标准要求。

图7-10 葡萄岭隧道长兴端废水处理

四、人本体验

空间上保证以人为本，低碳运营。该隧道从声、光、气、温度、场景等多方面通过绿色低碳工艺进行空间环境塑造，打造最佳人本体验空间，符合以人为本、低碳运营的工程建设理念。隧道建设过程中还结合竹翠、茶香、陶韵的地方特色，开展深路堑、隧道进出口、互通、服务区的景观绿化，打造了一条具有江苏特色的高颜值生态景观高速公路，让驾乘者置身于竹海青山画卷中，享受"人在画中游"的美好空间体验。

1. 全吸声屏体声屏障应用

针对隧道洞口噪声污染呈"喇叭口聚集增强"的特点，对隧道洞口采取降噪措施，以缓解洞口周边的噪声扰民问题。

于环境敏感点密集的葡萄岭隧道洞口设置直立式全吸声屏体声屏障（图7-11和图7-12），吸声屏体采用泡沫铝+铝合金的复合结构形式，降噪效果较好。通车后对沿线声环境质量进行监测，各敏感点昼间声环境质量在56.3dB以下，达到2类功能区标准。

2. 无级调光系统应用

隧道照明采用LED节能灯具+无级调光控制方式，即采用高低两种色温（3000K和

6500K）的发光模组通过0~10V来调节两种LED发光模块的亮度，通过亮度比例来实现LED的充分混光，实现灯具色温的整体调节（图7-13）。全线四座隧道均采用LED节能灯具+无级调光技术，减少后期运维管理压力及运用成本，可节约用电131.4万kW·h/年。

图7-11 直立式全吸声屏体声屏障（一）

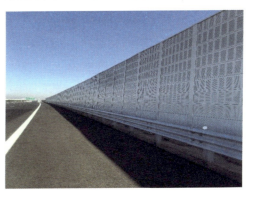
图7-12 直立式全吸声屏体声屏障（二）

图7-13 隧道照明

在实现自由调节亮度的二次节能的同时，为了营造出不同的气氛，可实现色温调节，个性化设置灯光环境。尤其是在公共照明上，隧道照明需要应用到更加周全的功能——能调节色温的隧道灯具。

隧道照明在无级调光控制的基础上，应用双色温调节系统，在调节色温的同时，调节色温段的亮度，实现调控任意某一色温段的亮度，达到多场景控制，如晴天、阴天、重阴天和雾天等场景。

3. 蓄能发光材料应用

对隧道人行与车行横通道采用稀土储能发光涂料进行装饰，指示疏散方向，在提高

绿色隧道

洞内装饰效果、利于应急逃生救援的同时,辅助隧道的节能照明,以有效节约能源、提高环境质量。

4. 隧道装饰

葡萄岭隧道省界附近结合侧墙装饰,采用文字、图案等进行景观节点提升,体现宜兴"壶""茶""洞""竹"的当地特色,丰富装饰效果,明显区别两省隧道建设成果(图7-14)。

图7-14 葡萄岭隧道内装饰

第二节 "筑梦太湖,面向未来"
——太湖隧道(湖底堰筑隧道)

一、项目概况

苏锡常南部高速公路常州至无锡段是江苏省"十五射六纵十横"高速公路网规划中"十横"的组成部分。项目起自常州武进区前黄镇,跨越锡溧漕河改线段、常漕公路及新长铁路,与锡宜高速公路交叉后,经雪堰镇穿越常州太湖湾旅游度假区,下穿邀贤山后进入无锡马山境内,穿越太湖梅梁湖,终点在无锡南泉接无锡环太湖高速公路,路线全长43.90km,其中无锡段22.43km,常州段21.47km。全线采用六车道高速公路标准建设,路基宽度34.5m,其中太湖隧道全长10.79km,横断面采用折板拱"两孔一管廊"形式,两侧行车孔单孔净宽17.45m、净高7.25m,中间为管廊。项目批复概算159.1239亿元，其中建安费约103.9亿元，建设工期4年。

二、品质

设计方案融入先进的设计理念，以生态、低碳、健康、潮流、创意全方位定义隧道建设新标准，坚持人与自然和谐共生，优先保护太湖生态空间，形成平缓、宜人的城市天际线。

设计高度重视交通安全、生态保护，积极运用新理念、集成新技术，引入安全绿色设计方式，形成"一湖两岸"城水新关系，营造太湖隧道风景群。

1. 质量设计，牢牢把握品质源头

作为苏锡常南部通道的重要节点，太湖隧道设计在工程前期阶段全面、充分收集相关规划资料，以先进理念为基础，以绿色低碳为导向，以综合效益为目标，采用"两孔一管廊"的箱形结构形式，中间隔墙内管廊作为电缆通道与两边相连，顶板采用折板拱的形式，有效减少钢筋混凝土用量，满足超长超宽水下隧道在湖底穿越的合理结构受力。

1）结构形式简约、施工流程合理

太湖隧道围堰采用四仓流水施工（图7-15）、土方调运与主体结构交叉施工，充分利用太湖空间长度及宽度，在有限的施工工期内，采用先进的施工措施打造了一条"水下巨龙"。

隧道主体结构放坡段采用新兴的模板台车进行混凝土浇筑（图7-16），施工速度快，易于拼装，可重复利用。

隧道承压桩采用预制混凝土方桩，预制方桩生产成本低，配筋率小，单根承载力大，可成批次制造，极大节约施工时间。

设计工作着重在"精、细、实"上下功夫，充分挖掘设计潜力，着力提升设计质量。重点从加强施工图设计审查、广泛征集施工方案、引入BIM技术、强化设计交底和设计文件管理四个方面深入抓好设计工作。

2）创新设计管理，加强过程审查

在设计过程中，指挥部督促设计单位牢

图7-15　四仓流水施工

绿色隧道

固树立标准化的设计理念,提出了明确的设计指导意见,要求设计单位进行重点论证、详细设计,强化过程把关,避免设计工作走弯路。先后组织开展定测、详勘外业验收以及路线、互通、隧道、桥梁、路基路面等专项方案设计审查和分标段施工图设计审查,通过内部沟通讨论、"双院制"设计咨询、专家咨询等多种手段加强审查,确保设计审查质量。指挥部在施工图设计过程中,共组织召开了28次技术讨论和专项审查会,邀请专家80余人次,为项目设计提供了300余项有价值的意见和建议,设计单位予以充分消化、吸收,完善施工图设计,确保设计源头质量。

图7-16 太湖隧道双联动混凝土浇筑台车

强化隧道标准化设计,隧道运营设备应尽可能采用模数化分段集中的布置方式;隧道结构变形缝、施工缝、桩基以及孔洞布置尽可能采用标准的模块,减小各环节工作量和出错率;隧道底板下抗拔桩优先考虑预制方桩;防撞侧石等结构形式单一、数量大的构件优化采用预制构件;电缆夹层防火板采用工厂制作、现场整体式安装的方式;电缆桥架安装采用结构预埋滑槽等标准化的方式,既能保证质量,同时又能加快施工进度。

加强薄弱环节设计,消灭质量通病。对太湖隧道2~3层厚小于3m的段落增加高压旋喷桩止水帷幕,与纵向止水帷幕形成封闭区域,确保基坑安全;考虑在变形缝中埋式钢边橡胶止水带两端优化设置预埋式注浆管,发挥注浆止水和防水堵漏双重功效,确保变形缝防水质量;对部分软土路段的水泥土双向搅拌桩采用变刚度设计,减小路基横向、纵向沉降差异；充分考虑硬壳层作用，采用水泥土双向搅拌桩或PHC（预应力高强度混凝土）管桩对浅部软土地基进行处理；根据类似工程经验，喷播植物防护上限高度由4.0m减小为3.5m；针对目前板式橡胶支座病害多、使用寿命短的现状，将空心板梁支座统一使用氯丁橡胶板式支座，组合箱梁支座统一优化为盆式橡胶支座；为避免后期运营产生裂缝，对普通钢筋混凝土小半径匝道桥优化为钢结构桥梁等。

强化功能设计，优化景观设计。为进一步提高高速公路互通匝道服务水平，提升高速公路匝道的养护效率，打造江苏高速公路品牌建设，对互通区单向单匝道和对向双车道进行了加宽优化；为了最大限度利用隧道弃土、便于现场判别使用，优化了土方利用方案，仅C类土（淤泥，辨识区分较容易）直接优先用于隧道回填，不用于填筑路基，其余土方不再进行区分，均同样用于路基填筑；对部分互通匝道及支线上跨桥推广使用钢结构，其中隧道敞口段陆马公路和吴杨路上跨桥由预制装配式连续箱梁结构调整为80m+35m独塔双索面斜拉桥和55m钢桁拱桥，结合外立面涂装增加景观效果；充分考虑与太湖景观的融合，优化了风亭风塔设计；房建区设计采用绿色建筑二星标准，为满足管理中心后期营运和指挥部先行启用的双重需求，重视细节设计，优化功能布局。

3）广泛征集施工方案，优化施工图设计

鉴于太湖隧道的特殊性，为确保超长特宽隧道的设计质量，督促设计单位组织开展了太湖隧道施工实施方案征集活动，共向7家有经验的施工单位发出了书面征集邀请函，所有征集单位均向设计单位提交了书面建议方案，并进行了一对一的座谈交流，各参与方案征集的施工单位积极建言献策，为太湖隧道的施工图设计和建设管理提出了许多宝贵意见。经多次研讨，优化了太湖隧道抗拔桩、垂直支护横向支撑以及围堰的设置方式［以支护开挖段（第二仓）基坑为例，图7-17］，明确了控制工期的关键要素，充分论证了管道、皮带出土方式的可行性、静压植桩机施工钢板桩围堰的经济性以及隧道结构混凝土浇筑大棚防护措施实施的可能性，为后续施工提供了指导性意见。

4）强化设计交底和设计文件管理

一是要求设计单位在施工图设计文件交付时同步提供交底文件，按标段独立成册，并以正式文件报送指挥部。设计单位交底必须由项目负责人和设计分项负责人参加，设计交底深度要满足施工需要，对施工要点和关键控制点予以重点说明。二是要求设计单位根据工程量编制基础资料手册，施工、监理单位对工程量进行复核，修改完善后打印装订成册，便于现场管理。三是加强设计文件的管理，所有图纸加盖"苏锡常南部高速公路工程建设指挥部图纸专用章"后发放，变更替换须遵循"以一换一"的原则，确保施工图设计文件准确使用。

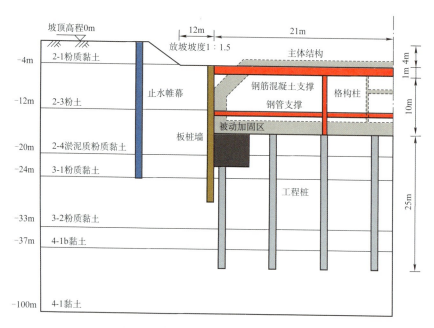

图7-17 支护开挖段（第二仓）基坑断面示意图

5）应用BIM技术提高设计质量

在太湖隧道和雪堰枢纽施工图设计阶段应用BIM技术提高设计质量，形成设计阶段的BIM信息化模型，将设计阶段的信息完整存储于模型当中，后期在施工阶段可以继续添加完善，这个信息模型能够连接建筑项目生命期不同阶段的数据、过程和资源，可以支持工程的集成管理环境，使工程在其整个进程中显著提高效率和大量减少风险。

在太湖隧道设计中开展了BIM冲突检查及三维管线综合设计，合理规划机电管线布局，减少施工阶段因设计疏忽造成的损失和返工工作，提高施工效率和施工质量；进行工程量复核，根据招标分项表，以BIM模型为基础，编制满足招标要求的土建工程量清单，为工程招投标提供帮助；应用隧道BIM模型开展大型设备运输路径检查，动态模拟大型设备的运输安装路径，优化设计方案和设备运输方案；通过在设计阶段针对项目围堰、基坑施工以及临时大堤的改造等项目关键重难点开展相关施工推演工作，提前预测施工困难，合理规划施工工期。

在雪堰枢纽利用BIM技术进行净空核查，有效保证设计方案的合理性；利用BIM三维设计，通过对平、纵、横多方面视距分析，进一步优化方案，提高道路运营的安全性；在BIM设计模型的基础上，通过建立全枢纽施工过程推演，优化设计方案；采用可视化的三维BIM设计，准确表达设计意图，提高施工阶段建设单位各方的工作和协调效率。

2. 运营养护操作便捷

太湖隧道共设置两处地面设备用房、两处紧急逃生口、三处风亭设备用房（马山侧风亭、南泉侧风亭、湖中岛），风亭设备用房及湖中岛均设通道与主体结构相连接，为检修、更换设备提供了快速路径；湖中岛设置救援检修码头，极大地方便结构设备吊装、更换与运输。

隧道两侧电缆沟检修道上盖采用预制混凝土结构，采用易清洁保护涂层进行涂装，安装省时，检修方便。靠近中隔墙处防撞侧石也采用混凝土预制构件，并采用水泥砂浆与底板相连，可提前加工并现场拼装节省施工时间，同时保证混凝土质量及外观观感。隧道电缆通道支架采用预埋滑槽的新型固定组件的安装方式，安装无噪声，螺栓可移动到合理位置，不破坏混凝土钢筋，无须焊接，可缩短施工时间，保证隔墙混凝土完整性及电缆支架的安全。电缆通道隔板采用钢格栅盖板分段覆盖，检修便利。

隧道光过渡段顶板及"M"形支撑梁采用新兴的清水混凝土结构（图7-18），颜色均匀、表面洁净，从而降低装饰成本、避免后期维修，环保成效显著。

图 7-18　清水混凝土过渡段

3. 阻断隧道渗漏的创新设计

随着经济和技术的发展和国家基础设施建设步伐的加大、加快，大量的隧道开始修建，跨越江河湖泊的隧道也越来越多，如何做好湖底隧道的防水防渗，已成为设计、施工的重要课题。太湖隧道在防水设计中以钢筋混凝土结构自防水为根本，以结构接缝防水为重点，以细部构造防水为要点，以柔性外防水层防水为辅助，多道设防、综合治理，设计主要采用了如下几项新技术：

1）高效抗裂剂与聚羧酸系减水剂的结合使用

太湖隧道具有断面大、分段长等特点，混凝土结构容易在施工期间出现因温降、收缩等引起的表面裂缝，因此，混凝土外加剂选用具有温升抑制、微膨胀功能的高效抗裂剂，以及具有减水、防收缩等功能的聚羧酸系高效减水剂，二者结合使用。并且对于抗裂剂及减水剂的部分性能指标，设计根据太湖隧道的实际特点，在国家标准的基础上作了适当提高，以保证工程品质。

2）OMEGA止水带在暗埋段变形缝的应用

OMEGA止水带是一种依靠压件系统固定于变形缝内表面，通过压件紧固力来达到止水目的的止水带，如图7-19所示。其材质为丁苯橡胶，中部通常呈Ω形以适应结构变形。

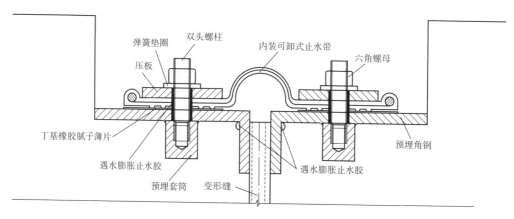

图7-19 OMEGA止水带及其压件构造形式

与过去常用的变形缝内表面嵌缝材料相比，OMEGA止水带最大的优势在于能够在设计使用年限内拆卸、修复、更换，此外还具有能适应较大的变形量，可抗较高水压等诸多优势。此类止水带以往在沉管法隧道管节接头广泛应用，但在明挖法隧道变形缝中的应用甚少。

考虑到以往隧道工程中变形缝渗漏的问题相对较突出，因此，在隧道设计过程中，对变形缝的防水措施作了重点加强，确保隧道运营期间即使变形缝发生漏水也能及时修复补救。

3）自粘丁基橡胶钢板止水带在水平施工缝的应用

以往的明挖隧道结构纵向水平施工缝通常采用镀锌钢板作为主要防水措施，但考虑到太湖隧道距离较长，钢板的搭接接头也相应增多，传统镀锌钢板的焊接质量不易保证，且焊缝处受损的镀锌层修补工艺较为烦琐。因此，太湖隧道采用自粘丁基橡胶钢板止水带作为水平施工缝防水措施，它由普通止水钢板与经特殊处理的丁基橡胶复合而成，如图7-20所示。其最大的特点在于无须焊接，依靠胶层的黏结力即可形成止水带之间良好的搭接。此外，自粘丁基橡胶包裹钢板，可使止水带具有更优异的耐久性，而丁基橡胶层同时也可与现浇混凝土紧密咬合，阻断渗水路径。

自粘丁基橡胶钢板通常外覆保护膜，且止水带的保护膜如图7-20所示分为两半，主要目的是减少自粘丁基橡胶暴露在外的时间。当下部混凝土准备浇筑时，只将下半部分的止水带保护膜撕掉，另一半保护膜保留，待上部混凝土浇筑时再撕，即可最大限度避免现场施工中自粘丁基橡胶层受损，影响止水带的防水及耐久性。

4）非固化橡胶沥青防水涂料的应用

由于太湖隧道距离长且工期短，在选择外包防水层材料时，除满足必要的防水及耐久性外，还需考虑工期因素。此外，防水层还应具有足够的延伸率以适应结构变形。

非固化橡胶沥青防水涂料以橡胶和沥青为主要组分，其核心技术为特殊添加剂，该添加剂在生产过程中起到积极的催化作用，使橡胶与沥青能在最稳定的状态下将各自性能发挥极致。随着行业标准《非固化橡胶沥青防水涂料》（JC/T 2428—2017）的颁布，近年来该材料得到了越来越多设计人员的认可。对太湖隧道而言，非固化橡胶沥青防水涂料作为顶板及放坡开挖段侧墙防水层主要具有以下优势：

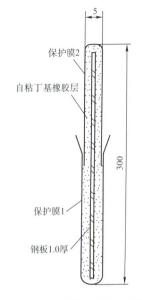

图7-20 自粘丁基橡胶钢板止水带断面构造形式（尺寸单位：mm）

（1）涂料可采用喷涂施工，一次喷涂即可达到设计厚度，从而节省时间；

（2）涂层永不固化、耐久性极强；

（3）适合在潮湿基面施工，能够加快基面处理的时间；

（4）具有较高延伸率，涂料过变形缝处不会被轻易拉裂；

（5）有一定的自愈性，涂层施工中的局部受损可自我修复。

三、生态

太湖隧道设计以"建而不见"为设计理念，充分与上位规划衔接，以现有路网绿化为基础，将景观融入环境，将隧道隐于山湖，使之成为城市环境的有机组成。

1. 合理选线、科学施工、保护环境

太湖隧道在选线选址上制定了环境保护设计原则。认真调查沿线的环境敏感点，将环境保护作为平面总体布置、风亭风塔布置的重要因素。纵断面上尽量降低路基填土高度，减少对林地、湿地、自然保护区、水源保护区的占用。在前期阶段进行跨越太湖桥隧方案比选，最终选用隧道形式，满足太湖景观协调性、环境适应性的要求，最大限度

绿色隧道

保留了太湖湖面原貌。太湖隧道"碧玉螺"风亭如图7-21所示。

图7-21　太湖隧道"碧玉螺"风亭

太湖隧道围堰工程设计中采用的双层对拉钢板桩围堰，钢板桩围堰用土量少，回填土量和占湖面积小，缩短了修筑和拆除围堰的工期，保证了对太湖最低程度的污染，减小了对湖床生态平衡的破坏，节约了土地资源。同时钢板桩打桩工艺简单，机械化程度高，可实现反复插拔，重复利用。

隧道结合城市发展、水利航道疏浚及新农村建设工程综合利用土方，减少取土坑设置。隧道挖方取土，有条件时深挖取土，减少取土坑占地面积。尽量征用废弃土地、荒地及由于本路建设而形成的边角地，保护耕地资源。

对于施工便道、施工场地等，利用耕植土对其进行复耕。

通过对太湖隧道围堰施工对生态环境影响进行分析，对其等级进行评定，并制定相应风险控制措施，包括对生态环境、空气环境、声环境、社会环境影响的防护措施。

施工期间需要保护道路两侧的树林、花草绿地，不得迁移的树木花草，工程竣工后予以还建，以保持原有环境。

2. 多措并举，确保环保污染治理达标

为避免工程建设对高速公路两侧和施工沿线施工营地等区域造成环境干扰，指挥部对全线环境敏感点进行梳理，编制了项目建设期间环境监测方案，并对大气、水、噪声等环境因子进行监测，采取了行之有效的治理措施。同时，定期对各施工、监理单位和中心实验室进行环保专项检查，提升各参建单位的环保意识。在项目建设过程中，积极采取各项措施降低工程建设对环境的影响。

一是严控污染物排放，在拌和站建设过程中，针对太湖隧道混凝土用量大、拌和产生的粉尘多的情况，充分考虑太湖周边的环境保护因素，建设了全封闭的拌和楼和石料仓，有效减少了粉尘排放。二是在项目部驻地建设中全面引入太阳能、空气能等绿色能源，生活污水全部接入地方市政管网，减少了污染排放。三是太湖水域施工设备选用先进、性能优良的施工设备，对施工船舶机舱含油污水，采用船舶自备的污水处理装置，处理达标后予以排放；施工钢板桩前，在外侧设拦污带，减少水域污染扩散；缩短钢板桩围堰长度，减少对太湖水域的阻水长度，保持区域内水的流动性，预防蓝藻暴发，将对太湖环境的影响降到最低。四是土方运输车采用全封闭的新型绿色环保运输车。五是在防尘控制方面，选用自动感应的双控型洗车机，设置三级沉淀池的洗车机基础，达到循环利用水资源的目的。同时在拌和站内安装雾炮机系统、粉料罐除尘收集系统、砂石分离器和污水循环系统，实现粉尘、污水零排放。六是在防止噪声污染方面采用静音发电机，减少发电机工作时对噪声对附近村民的影响。七是加强施工期水质、噪声及粉尘的监测工作，并按照环保要求做好各项预案，努力将工程建设对太湖环境的影响降到最低。八是采用泥浆分离设备，解决钻孔桩产生的泥浆排放对环境的污染，利用不添加化学剂的物理方式，将泥浆分离为泥饼和清水。九是将三场清表土集中堆放储存，用于地方道路路肩回填，实现二次利用，既不乱弃造成环境污染、水土流失，同时为地方解决了用土问题，并将三场的树木进行了移栽，保护了当地植物。十是少量的废弃混凝土进入绿色处理中心后再循环利用，减少了污染，节约资源。原材料供应系统如图7-22所示。

砂石料船舶

固定抓斗吊

超长高架皮带机

洗石机

洗石污水四级沉淀池

分仓堆码移动皮带机

砂石料经水上运输至临时码头，通过固定式起重机和皮带式起重机运输至料仓后方，石料经洗石机冲洗后由皮带式起重机送至料仓，砂料经皮带式起重机直接运送至料仓。

水泥水运至临时码头，由空气压缩机及高压输送管道输送至各水泥储存罐内。

供应系统位置图

图7-22　原材料供应系统

3. 文化创意、生态呼应、环境融合

马山侧风亭呼应马山沿岸现代化简约的景区氛围，结合太湖天水一色、延绵无边的山水轮廓，取流水延绵之线条及传统水袖柔美之形，自然勾勒出丝绸流转般的构造形体，犹如旋绕的碧玉螺般将风亭呈现。

南泉侧风亭造型出自苏轼《鲁直以诗馈双井茶次韵为谢》，以江南特色的传统画舫造型，呼应南泉景区深厚的吴越文化风情（图7-23）。

图7-23 "画廊"风亭

湖中风塔的设计构思源自范成大的《缥缈峰》，采用典型无锡江南特色的传统楼阁造型，红瓦、绿砖、城墙头。红檐下绕排风口四周设计环形走廊供眺望太湖美景。风塔四周的配电房采用传统城墙的形式，可登顶览景，墙头采用青砖饰面，与中心风塔相互呼应，融为一体。

4. 绿色建造、节能减排、以人为本

苏锡常南部高速公路太湖隧道作为"未来隧道"，是江苏新建智慧高速公路的品质工程和典型代表。其充分融合了"智慧化""绿色化""标准化"的新理念和新技术，大大提升了运营管理效率，确保运营安全可靠、节能高效。

太湖隧道为湖底水下隧道，运营里程10.79km、隧道内部设置了大量保障安全运行的供电、照明、通风、雨废水泵、监控等设施，其运营能耗受众多因素影响，运营能耗直接影响运营安全和运营成本。为确保太湖隧道的安全、高效和绿色建设，建设紧紧围绕绿色节能核心问题，重点分析研究影响隧道能源消耗的因素，隧道供电、照明、通风、能源调度等方面绿色节能关键技术，提出太湖隧道的节能对策措施，制定运营节能管理

的制度，实现了节能环保、绿色低碳的宗旨。

环保耐久型铺装和尾气降解封层如图7-24所示。

图7-24　环保耐久型铺装和尾气降解封层

1）以人为本，提供安全舒适的驾乘环境

绿色隧道的首要任务是确保隧道正常运营情况下的安全、舒适，在发生火灾事故时为驾乘人员疏散、救援人员的灭火扑救提供有利的环境条件。在确保通风可靠性及节能运行、节约工程投资的前提下优选适当的通风排烟方式，以达成以下目的：①正常交通情况下，稀释隧道内汽车行驶时排出的废气中以CO气体为代表的有害物质和烟雾，为驾乘人员、维修人员提供合理的通风卫生标准，为安全行车提供良好的空气清晰度。②发生火灾事故情况下，通风系统应具有排烟功能，并能控制烟雾和热量的扩散，而且为逗留在隧道内的驾乘人员、消防人员提供一定的新风量，以利于安全疏散和灭火扑救。③控制对工程环境质量（环境空气质量、噪声）的影响，注重环境保护措施。

（1）绿色隧道通风方式。

隧道通风方式的选用涉及隧道长度、交通流量、行车方式、洞口环境保护要求和隧道施工方法等多种因素，纵观世界公路隧道，基本的通风方式有全横向、半横向、纵向及组合通风方式等。本隧道研究了通风专题《水下特长隧道通风系统研究专题研究报告》，专题中通过对8种通风方式进行经济技术的比选（包括静电除尘、除氮脱硝等新技术），确定适合本工程的通风方式，并结合总体设计要求，提出中间风井或人工岛的数

绿色隧道

量,在确保隧道通风运营安全的前提下合理控制工程投资规模。通过对8种通风方式的比选,本工程设计采用分段纵向通风+重点排烟方式(设1处中间风井)。采用射流风机诱导型纵向通风,隧道中间处设置中间风井通风换气,两端近岸处设轴流风机排除废气。

(2)绿色隧道废气排放。

城市隧道进行通风系统(图7-25)设计时,必须考虑隧道洞口排放的废气对周围空气环境质量的影响。所以,一般在隧道进出口侧设置集中排风机房,通过风塔将大部分隧道的污染空气高空扩散排放,以满足保护周围环境敏感目标的要求。比如上海市大连路隧道、复兴路隧道等,但这也会带来与景观不协调、周围居民反对等矛盾和问题。如果周围无居民区、学校、医院等环境敏感保护目标,一般也可以采用洞口直接排放的方式,如杭州西湖隧道、南京玄武湖隧道(辛庄立交出口)。

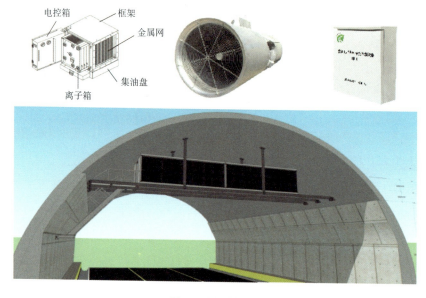

图7-25 隧道通风系统

汽车行驶在隧道内时不断排放尾气,隧道成了一个收集废气的"容器",致使洞内CO、NO_x及颗粒物等有害物浓度显著升高。废气被隧道"收集"后集中在洞口或排风塔局部区域排放,恶化了该区域的空气质量。常见的废气排放方式有4种:洞口直排、集中高空排放、多点分散排放和旁通式净化处理洞口直排。①洞口直排顾名思义即废气不经过任何处理直接从洞口排出,这种方式适用于污染物浓度较低的短隧道。②集中高空排放,即在靠近出口附近设置高风塔,利用大型排风机将隧道内大部分污染空气经高空扩散排放,从而使污染物落地浓度满足环境要求。此排放方式应用最为广泛,对于城市道路隧道而言,此方式的最大缺点就是设置的高风塔难以与城市景观协调,导致风塔选址困难。③多点分散排放，与集中排放的思路相比，多点排放是"化整为零"的一种废气排放形式。通常在隧道出洞段10%~40%长度范围内设置多个排风口，将原来集中排放的废气分散在多个风口排放，使分散至单个排风口的排放量降低，从而不需设置对景观敏感的高大风塔。多点排放可以采用自然和机械两种排风方式。多点分散排放形式应用较为灵活，既可以结合集中排风机设置小风塔分散排放，也可结合地面道路绿化带设置屋顶风机分散排放。④旁通式净化处理洞口直排，通过轴流风机与空气净化器组合，利用轴流风机向空气净化系统提供运行动力，搭配达到净化空气的效果。

本工程推荐在近岸的位置设置风井将隧道废气排出地面，因为远离岸边敏感建筑物，风井高度满足防淹高度即可，废气集中排风机兼做排烟风机，同时设新风机为后续隧道适当补入新风。

（3）绿色隧道火灾排烟。

水下隧道环境封闭，空气阻滞，一旦发生火灾如得不到有效控制，将造成巨大损失和重大社会影响。因此，如何保障火灾情况下的通风送风是太湖隧道的关键技术之一。

正常交通工况发生火灾时，采用纵向排烟模式，此时射流风机开启，火灾点前方车辆快速驶离隧道，火灾点后人员弃车疏散至安全区域，由于纵向风的作用，疏散人员一直处于新风保护中进行疏散，烟气以一定的纵向风速快速排出隧道。阻塞交通工况发生火灾时，火灾点发生在队列中部。此时车辆行驶缓慢，火灾前方和后方车辆均不能快速撤离。此时，若采用全纵向通风方式，必然有一部分驾乘人员受烟气影响，处境危险。设计中利用专用排烟风道，通过控制火灾区域附近范围内的排烟风阀，由风机经风塔将烟气就近迅速排离行车道。通风系统可有效控制烟气和热量扩散，为火灾点两侧的车辆和驾乘人员创造疏散条件。

隧道属于地下密闭空间，隧道照明的好坏，对驾乘人员有直接的影响。太湖隧道照明工程采用近似光带布置方案，使隧道内照明均匀度高达0.99，为驾乘人员提供了舒适的行车环境。

太湖隧道供电工程采用35kV双重电源供电，在洞口地面、湖中岛设置3座35kV变电站，在风亭及隧道内设置53座10kV设备端变电站，所有站均采用双重电源供电，确保供电安全可靠、节能高效。

太湖隧道暗埋段长10km，为提高隧道火灾或事故情况下的救援疏散效率，隧道内实现了全频段调频信号全覆盖和5G信号全覆盖，并按照500m为一个分区设置智能分区广播系统，在特殊情况下可以通过多种信息通信手段，发送交通诱导指令和救援疏散指令，确保驾乘人员安全有序地疏散逃生。

2）节能高效，践行绿色低碳的设计理念

隧道地面设备用房内设置高位自流消防水池，重力流供应隧道洞口室外消防用水，解决了传统隧道消防水池施工困难、养护难度大、需要大量抽水设备的技术难题，提高了消防可靠性，实现了节能节水的设计理念。

太湖隧道在太湖底共设置5座最低点废水泵房，废水通过接力排放模式，大大降低了水泵扬程，体现了低碳运营的设计理念。

隧道内水消防系统除了传统灭火系统外，设置了泡沫水喷雾自动灭火系统。该系统能够有效控制初起火灾，对固体火灾有很好的防火冷却效果，能够大大提高隧道火灾防护性能。且该系统能防护冷却火场区域，避免火灾蔓延，为消防员进场灭火提供良好的条件，体现了以人为本的设计理念。

隧道内采用"自适应智能无极调光照明系统"，实现了隧道智能无级调光，可根据洞内外光环境、车流量、事件管控等环境和运营智能管控要求实现动态智能调光，真正做到"按需照明"，实现"安全、绿色、节能、高效"。太湖隧道"蓝天白云"段如图7-26所示。

隧道洞顶空间有限，管线种类多，交安、照明、供电、监控、信息化等各类需安装的设备也多，太湖隧道洞顶采用"集约型综合功能桥架"，充分利用了隧道内顶部有限空间，确保安装简易、施工维护方便，同时为运营后期性需求预留设备及缆线扩展条件。通过集约安装方式，达到标准化整齐划一的效果。在解决隧道机电设备管线安装的同时，充分为运营及社会公众服务发展需求预留设备管线安装空间。

太湖隧道供电工程从系统节能、设备节能、改善电能质量、设备节能运行控制策略、能源管理等全方位打造节能高效的供电系统工程。

从系统节能考虑，根据用电设备的负载大小、负载特性、供电距离，选择适宜标准电压等级。本项目负荷达20MW，选择35kV供电，提高供电能力，降低线损。供配电系统将10kV线路伸入设备集中区，在设备集中区设置10kV变电站，并设置综合能源管理系统对隧道所有变电站进行能源调度管理，实现运行节能高效。

从设备节能考虑，供配电系统应在满足项目正常工作的条件下，选择高能效、低损耗的供配电设备，合理配置供电容量，以节能的工作状态运行。供配电设备选择，积极利用节能新技术、新材料，降损节能，选用低能耗的节能型变压器及配电设备。供配电系统的变压器，通过分析计算核定容量，确保经济运行。设计选择合理的变压器的运行条件和环境，降低变压器运行温度。

图 7-26 太湖隧道"蓝天白云"段

从改善电源质量考虑：根据项目负载特点，合理选择改善电能质量技术措施，通过谐波分析、动态补偿，变频软起、过滤谐波、提高功率因数、提高供电质量，节能控制运行，实现动态高效节能。

太湖隧道通过35kV电压等级、滤波、补偿等措施改善电源质量、轴流/射流风机及水泵均采用软启节能运行控制，照明系统采用"自适应智能无极调光照明系统"等节能技术，初步测算预计年节电量9651768kW·h，直接年经济效益830万元。每年可节约标准煤3900t，减少CO_2排放9630t。太湖隧道"星空"段如图7-27所示。

绿色隧道

图7-27 太湖隧道"星空"段

3）精准定位、极速感知、预警维护，实现隧道智能高效的运营与维护

太湖隧道通过多目标雷达和光纤振动检测，实现了对隧道内每一辆车的精确定位与跟踪，并通过监控中心的数字孪生平台将隧道内的交通状况动态显示于监控大屏上，监控员对隧道内交通状况一目了然，通过对车辆的精确定位实现交通事件的极速感知，并对异常交通事件自动报警，实现了交通监控的智能化、自动化，缩短了响应时间，极大地提升了隧道运营的效率。

太湖隧道供电工程采用数字化配电系统，采用接入物联网的智能化断路器，实现了生产、运行、管理的效益提升，可实现供电设施的智能化在线监测；通过部署在云端的管理平台，根据设备运行、管理、维护的历史数据和自动分析结果云端的计算，向运维管理人员提供提醒、预警、报警、维护检修建议等实用性功能，由以往的事故后维修提升为事故前预警按计划检修，降低了设备故障概率，减少了因停电对隧道运营的影响。

4）车路协同，未来技术的示范应用

隧道封闭环境内的通行车辆、驾乘人员如何感知环境、降低孤寂感，历来是高速公路设计建设和运营过程中各方关注的重要问题。车路协同系统利用无线通信、传感探测等技术实现了人-车-路之间的信息交互，对于解决这一问题尤有助益。在太湖隧道车路协同系统设计之初，即确定了C-V2X信号全程覆盖，并在北斗信号引入等系统的支持下，实现基于手机App的广义车路协同应用。在此基础上，太湖隧道车路协同系统除标准的事故预警、车道管控预警等应用场景外，还针对超长隧道环境专门设计并开发了创新应用场景，从而全方位提升用户体验。

太湖隧道车路协同系统采用"云-边-端"协同的系统架构，广泛引入行业最新技术成果，以智慧赋能用户服务。云控平台作为车路协同系统的大脑，引入云计算、人工智能、大数据、物联网等新技术，与自动驾驶车辆的车载智能设备协同工作，自动制定车路协同策略，围绕应用场景为用户车辆提供智慧服务。路侧边缘计算设备将计算前置，在人工智能、大数据技术的加持下，减少冗余数据、降低系统时延，在技术应用创新的同时支撑车路协同应用场景创新。

入口车道诱导、火灾预警、货车自动驾驶编队等应用场景是本次太湖隧道车路协同系统在人为本的应用场景、智慧赋能的服务措施和低碳环保的运营管理方面的创新设计。以入口车道诱导应用场景为例，太湖隧道为单向三车道隧道，隧道内不允许变道，因此，入口车道的选择非常重要，若大量车辆选择相同的车道，容易导致拥堵降低通行效率。车路协同云控平台通过对隧道内交通流量、车道车辆数量、平均速度等的感知，系统根据车型（小型车辆、大型车辆）判别合适的车道，在入口前向该车辆发出车道引导信息，引导该车辆从建议车道行驶，平衡各车道上的车辆，从而提高通行效率。

5）绿色隧道施工控制

（1）深化图纸、标准施工。

太湖隧道作为国内最长最宽的水下隧道，应用了大量智能感知与分析技术、智能联动与控制技术及智能安全监测技术，很多分部分项工程的实施内容在国内应用较少，施工单位缺乏类似的参考案例。因此，在各附属标段进场后，项目部立即组织勘查现场，熟悉、深化设计图纸并根据设计答疑和交底内容组织各类技术交流讨论及培训，根据设备生产、现场施工的优先级，分批次、分系统组织施工班组进行技术交底。对于施工过程中的重难点工序，编制标准化作业手册，发放到每一名施工作业人员手中，统一施工规范和标准，有效避免因人员流动、交底不清导致的施工质量问题及返工现象。主体混凝土无贯穿性裂缝图片如图7-28所示。

（2）试验先行，样板引路。

太湖隧道附属工程中机电标和消防标根据工程实施特点，各划分为两个施工标段，其中机电标按南北侧划分，消防标按东西侧划分。各标段投标文件中用于项目建设的设备产品厂家、型号各不相同且各标段施工工艺存在差异，衍生出同一系统两个标段之间设备外形不统一、管线排布方式不一致等众多问题。施工单位在涉及感观问题的设备安装上，坚持做到试验先行，样板引路。

绿色隧道

图7-28　主体混凝土无贯穿性裂缝

施工样板展示的意义在于：在总结以往公路隧道内类似工程施工经验和教训的基础上，为本工程在整体布局、细节要求、施工工艺要求上达到统一的质量标准，在确保系统功能实施的前提下整体协调工艺美观和观感。

在施工过程中，由主要设备或工程量占比较大的标段负责实施样板（首件）施工，另一标段参照实施，当两个标段整体工程量相似时，两个标段分别实施，择优选择。提前确定施工规范和标准，有效提高后续施工效率，消除工程质量通病，并做到不同标段间感观效果基本一致。

（3）BIM仿真，及时纠偏。

太湖隧道作为绿色智慧隧道，系统划分单元细，安装设备数量多，管线排布密集、复杂。单系统设计单位在设计期间，因无法综合全面考虑其他系统间设备安装及管线路由问题，导致在项目实施过程中，不同系统叠加后发生交错、碰撞的情况。整个项目在实施过程中，贯彻以施工设计图为主、BIM模型为辅的施工原则，充分运用BIM模型的强大系统叠加功能，在施工前及时发现系统间存在的交叉问题，现场通过施工单位技术交流、设计单位对调整方案确认的方式，及时对发现的问题进行提前有效的规避。

（4）厂验测试，源头把控。

针对项目实施过程中的重要设备、材料，如风机、配电柜、线缆等，坚持做好厂验工作。通过设备厂商自身的实验室和专用检测设备，对项目使用的设备、材料进行检测，确保进场设备各项技术指标符合设计要求。因附属工程未设置工地实验室，对于施工过程中使用量较大的电力电缆、电动风阀、照明灯具等设备和材料，在设备大批量进场前，邀请监理单位见证，从设备厂商处随机抽取已生产完成拟投入本工程使用的产品委托第三方检测单位进行检测，从源头把好质量关。

（5）提倡预制，节能减排。

本项目的实施，涉及大量支架、线槽、管道的采购安装工作。对于上述构件，施工单位根据现场安装需求提前制定了相应预制方案，除必须现场测量加工的构件外，其余构件全部由工厂完成预制工作，减轻了现场的施工压力，提高了整体施工效率，有效减少和避免了人为加工的工艺缺陷，使构件的质量更为可靠。同时，标准化的工厂预制生产更为节能，有利于环保和降低现场施工的噪声。

（6）电力监控，减少弯路。

由于太湖隧道附属工程设计的系统多、数量多、点位多，所以系统联合调试时间周期长。以往联合调试时设备的运行状态需要人员在现场进行确认，不仅耗费大量的人工和车辆资源，还大大增加了调试所需的时间。在本项目中，施工单位注重电力监控系统的运用，通过采集上传的电力监控数据，实时掌控设备运行状态，对于监测数据异常的设备，有针对性地进行排查和处理，做到联合调试精、准、快。

（7）科研创新，以人为本。

针对施工现场施工环境复杂、多标段交叉施工等难题，施工单位积极研究对策，制定措施，大力开展QC（Quantity Control，质量控制）小组活动，自主研发了"射流风机安装升降平台""管廊电缆夹层施工滑车"等多项课题，降低了现场施工难度，减小了施工人员作业强度，提升了工程施工效率。

四、空间

1. 横断面空间设计

隧道横断面设计以满足通道正常运营、故障检修、事故安全疏散等多种工况的功能要求为主，并充分利用空间，集中体现以人为本的设计理念。横断面设计需主要考虑建筑限界、设备安装空间以及安全疏散空间的设计。

1）建筑限界

本工程采用高速公路标准设计，设计速度为100km/h，建设规模为双向六车道（全线紧急停车带）。

隧道建筑限界尺寸根据《公路工程技术标准》（JTG B01—2014）、《公路隧道设计规范》（JTG D70—2004）及《公路隧道设计细则》（JTG/T D70—2010）综合拟定，净宽为16.75m=0.25m（左侧余宽）+0.75m（左侧向宽度）+3×3.75m（行车道）+3.5m（紧急停车带）+1.0m（右侧检修道），限界高度为5.0m。本工程隧道建筑限界图如图7-29所示。

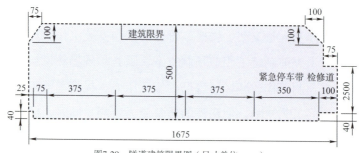

图7-29 隧道建筑限界图（尺寸单位：cm）

2）设备安装空间

根据设备布置、安装工艺要求，综合考虑安全和美观等因素，在横断面中考虑了各种设备所需的布置空间，并设定相应的设备限界。

隧道横断面中的主要设备有以下几种：射流风机、可变信息标志、车道信号灯、照明灯具（包括基本照明灯具、应急照明灯具）、火灾探测器、扬声器、监控摄像机、各类设备箱、给排水管道以及各种电缆（包括动力电缆、照明电缆、监控电缆、漏泄电缆及光缆）。

设备布置以不得侵入限界为基准，以设备工艺要求为保障，以维修便捷为目标。

按照工艺要求，车道信号灯应该布置在每个车道的正上方；射流风机、扬声器、照明灯具、监控摄像机、漏泄电缆布置在建筑限界的上方；各类设备箱布置在车道两侧侧墙下部。

3）安全疏散空间的设计

人行横通道：建筑限界宽度2.0m，限界高度2.5m，隧道全线间隔125m设置横向人行通道，横向人行通道安全口采用甲级防火门。

车行横通道：建筑限界宽度4.5m，限界高度5.0m，隧道全线间隔1000m设置横向车行通道，横向车行通道安全口采用甲级防火卷帘门。

隧道设置了监控、报警、救援等相关设备。

4）建筑横断面

隧道根据不同的功能要求和施工方法，分为两种基本断面形式：暗埋段横断面和引道段横断面。

（1）暗埋段横断面设计。

隧道暗埋段横断面采用折板拱断面形式。

暗埋段横断面采用"两孔一管廊"形式，两侧为行车孔，中间为设备管廊。中间设备管廊从上到下分别为排烟风道（面积13m²）、电缆夹层、安全通道（局部设设备用房）、水管沟。隧道建筑限界上方预留约1.70m的设备安装空间，两侧留有约0.35m的装修空间及施工误差。道路采用单向2%横坡，路面结构最厚处为0.55m。故单个行车孔的结构净尺寸为17.45m×7.25m。暗埋段标准横断面图如图7-30所示。

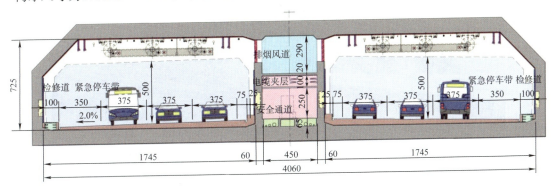

图7-30 暗埋段标准横断面图（尺寸单位：cm）

（2）引道段横断面设计。

敞开段横断面采用U形结构形式，道路采用单向2%横坡，路面结构最厚处为0.55m。断面中间设置中央绿化分隔带。敞开段照明采用高杆灯，侧墙高度高出防洪水位（百年一遇）0.5m。引道段横断面图如图7-31所示。

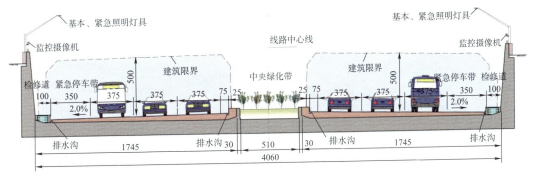

图7-31 引道段横断面图（尺寸单位：cm）

2. 自然光过渡空间设计

隧道自然光过渡位于隧道洞口，采用清水混凝土饰面。光过渡段由两部分组成，前端造型结构梁形式和后端结构顶渐变开孔形式。前段造型简洁大气，气势磅礴；后端光影渐变，满足自然光均匀变化，提升驾驶视觉感官，避免进出隧道时"黑洞"和"白洞"效应，体现了人文设计的相关理念。太湖隧道入口设计如图7-32~图7-34所示。

图7-32　太湖隧道入口设计（实景1）

图7-33　太湖隧道入口设计（实景2）

3. 隧道内装饰空间设计

　　隧道内景设计符合交通性建筑的特点，采用简洁明快的风格。顶部采用黑色隧道防火板，侧墙采用白色搪瓷钢板中间加色带的形式。顶部黑色避免了顶部错综复杂管线带来的视觉影响，使顶部视觉上整洁干净。黑色顶部两排笔直的灯带，加以两侧浅色侧墙材质对灯光漫反射，使整个隧道空间明亮，提升驾驶安全性（图7-35）。

图7-34　太湖隧道入口设计（实景3）

图7-35　太湖隧道内装饰

第三节 "国际首创流动环境友好空间的绿色隧道示范工程"

——江阴靖江长江隧道（过江盾构隧道）

江阴靖江长江隧道工程贯彻落实交通强国等战略要求，牢固树立改革创新理念，积极践行"双碳"目标承诺，率先提出打造"国际首创流动环境友好空间的绿色隧道示范工程"，推动生态文明和交通工程建设高质量发展，将生态环保理念贯穿交通基础设施建设管理全过程，提升全省绿色交通工程建设水平。

一、项目概况

江阴靖江长江隧道是《长江干线过江通道布局规划（2020—2035）》中批复的江苏省44条过江通道之一，位于江阴大桥和泰州大桥之间，北接靖江，南连江阴，距泰州大桥约54km，距江阴大桥约5km。江阴靖江长江隧道工程线路北起靖江公新公路，南至江阴芙蓉大道，采用水下隧道形式穿越长江，线路全长约11.825km，其中隧道段长6445m，设置互通3座、风塔2座、管理养护中心1处。全线按照双向六车道高速公路标准建设，设计速度80km/h，路基宽度33m。项目批复概算143.6亿元，建设工期60个月。

本项目的建设对落实长江经济带战略、优化全省过江通道布局、缓解江阴长江大桥交通压力、打造综合立体交通走廊、推进扬子江城市群建设、促进"锡常泰"城市组团跨江融合发展具有重要意义。

二、建管创新，建设国际首创绿色隧道示范工程

1.引入绿色隧道技术中心

近年来，交通运输部陆续出台了大量有关绿色交通的规划要求以及行业政策制度文件，通过政策引导支持，打造了一批"绿色公路"示范项目，在节能减排、生态环保、安全耐久等方面形成了一批技术成果。但全国范围内，依托江阴靖江长江隧道工程提出"绿色隧道"理念尚为首次，在整体理念、技术路径、实施评估等方面均无相应的指导性文件和工程经验可以参考。

本项目创新性提出"绿色隧道"建设理念,首创绿色风险管控、绿色管理体系及绿色管理平台。在招投标阶段明确项目"绿色隧道"建设目标、工艺设备、管理机制等要求,首次在公路水运建设工程中设立绿色隧道技术中心,范围涵盖江阴靖江长江隧道工程设计、建设施工、试运营、缺陷责任期阶段,创新性构建了"指挥部—绿色中心—监理、施工单位"四位一体的绿色隧道管理体系(图7-36)。

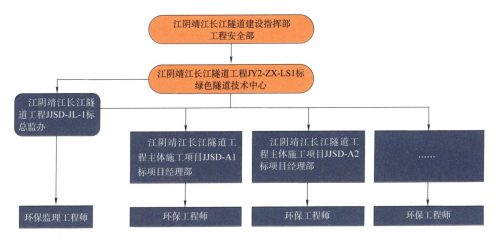

图7-36　绿色隧道技术中心服务组织机构定位图

2. 提出绿色风险精细化分级管控措施

1)绿色风险辨识

运用风险矩阵法,在环境污染风险源强度的基础上,叠加区域性环境受体脆弱性指标,两者耦合,得到环境污染风险源等级,由低到高分为低风险(L)、中等风险(M)、较高风险(RH)以及高风险(H),绿色中心据此分析得到《江阴靖江长江隧道环境污染风险源辨识表》(表7-1),并用于指导各参建单位开展绿色风险管控工作。

江阴靖江长江隧道环境污染风险源辨识表(部分)　　表7-1

序号	污染类型	风险源			风险等级
		环境目标	桩号	污染源	
1	噪声污染	长盛花苑	K0+050~K0+350	机械、设备噪声	M
2		靖江市中西医结合医院	K00+380~K0+500		M
3		靖江市城南新区中学	K0+700~K0+900		M
4		前义太庄	K2+500~K2+680		L
5		春及庄	K2+650~K2+700		M
6		前怀新圩	江北风塔		L
7		宝盛圩	江北风塔		M
8		钢筋加工场	—	切割、焊接	M

续上表

序号	污染类型	风险源			风险等级
		环境目标	桩号	污染源	
9	大气污染	小圩	K2+180~K2+280	施工扬尘	L
10		小陆庄	K2+450~K2+520		RH
11		前义太庄	K2+500~K2+680		RH
12		临时堆土场	江北工作井	扬尘	M
13		基坑工程	—	土方开挖	H
14		基坑降水	工作井、基坑	施工废水、水土流失	RH
15		生活区	施工驻地	生活污水	L
16		沉淀池	三厂	施工废水	M
17		泥水处理场	—	盾构施工泥浆水	H
18	振动环境污染	后怀新圩	K3+200	施工振动	M
19		前怀新圩	K3+450		L
20	土壤环境污染	车辆、设备	施工场界	跑冒滴漏	RH
21	固体废物污染	施工人员生活垃圾	—	生活垃圾	L
22		实验室废料	—	生产垃圾	M
23		生产废料	施工场界	生产垃圾	RH
24	生态环境污染	表土剥离	—	水土流失	RH
25		临时占地	—	土地、植被	H
26	光环境污染	钢筋加工场	—	焊机使用	M
27		施工场界	—	夜间施工	L

2）分级管控措施

在《江阴靖江长江隧道环境污染风险源辨识表》的指导下，JJSD-A1、JJSD-A2标段结合各自的施工组织都已完成了项目施工绿色风险源的辨识工作，并基于风险辨识情况，开展绿色管理专项活动，如图7-37所示。

环境污染风险级别	施工单位	监理单位	绿色中心	现场指挥部
L	自查自纠	—	—	—
M	自查自纠	监理巡查	—	—
RH	自查自纠	监理巡查	日常巡查	—
H	自查自纠	监理巡查	专项检查	环保督查

图7-37 绿色管理专项活动图

（1）自查自纠。针对所有列入环境污染风险源的项目，施工单位在日常施工过程中，需要专人进行日常巡查，将各自环境污染风险扼杀在萌芽中，并积极配合江苏省交通工程建设局、指挥部、监理等单位组织的环保专项检查、日常巡查等，自查自纠的频率应不少于每周一次。

（2）日常巡查。针对等级为M的风险源，监理单位需将其纳入日常巡查的内容中；针对等级为RH、H的风险源，监理单位应将其纳入旁站监理的工作内容中，一旦发现环境污染问题，及时下发整改通知单，情节严重的，可责令停工整顿。监理单位日常巡查的频率应不低于每月两次。

（3）专项检查。针对等级为RH、H的风险源，在绿色中心组织开展的绿色专项检查活动中，应作为重点内容进行关注，并及时下发专项检查通报，由各参建单位参照整改。绿色中心组织开展的绿色专项检查频率应不低于每月一次。

（4）环保督查。项目建设过程中，各参建单位积极配合上级主管部门或指挥部组织的环保督查，一旦发现环境污染隐患，立即进行通报批评，并限期整改。盾构隧道内部安全、环保标语如图7-38所示。

图7-38　盾构机内部

3）非道路移动机械重点管控

为了贯彻落实《江苏省秋冬季错峰生产及重污染天气应急管控停限产豁免管理办法（试行）》（苏大气办〔2019〕1号）等文件精神，结合江阴靖江长江隧道环境污染风险源辨识结果，绿色中心将非道路移动机械无组织排放作为2021年3月重点工作，并联合总监办组织对JJSD-A1、JJDS-A2标段就《江苏省交通重点工程施工期生态环境保护管理办法（试行）》（苏交建〔2020〕17号）、《非道路柴油移动机械污染物排放控制技术要求》（HJ 1014—2020）等文件落实情况组织了非道路移动机械排放专项检查。

绿色隧道

根据检查反馈，绿色中心联合总监办，调整"江阴靖江长江隧道工程项目进场设备报验单（A6）"，针对施工场地内使用的非道路移动机械，修改严格执行准入制度，要求全部使用国Ⅵ标准汽柴油，并达到国Ⅱ及以上排放标准，对不满足要求的机械和汽柴油及时整改或清退场。

非道路移动机械管理流程图如图7-39所示。

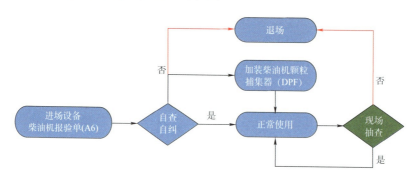

图7-39 非道路移动机械管理流程图

3. 开展精准化监测，落实差别化管控

2020年10月，江苏省生态环境厅、江苏省交通运输厅正式签订《关于推进绿色交通工程建设示范工程试点合作框架协议》，根据两厅协议总体要求，项目以绿色风险识别及分级管控为抓手，自开工以来，全线共辨识81个绿色风险源，建立绿色风险分级管控—动态评价—后评价的运行机制。构建了江阴靖江长江隧道三级网格化监测体系，共布设7个增补网格，8个项目级网格，开展三级网格化环境精准监测。大气环境质量优于周边省控网格比例超过70%，成功入选泰州市、江阴市重污染天气应急管控豁免项目。

4. 深入推进绿色低碳建造

项目积极落实各项环水保管控要求。配套污水处理系统，打造花园式绿色驻地；施工场地严格落实"六个百分之百"扬尘管控措施；新进场非道路移动机械严格执行国Ⅲ及以上排放标准；建设全封闭绿色拌和站，配备砂石分离机；盾构泥浆处理引入泥水分离系统等一系列措施，推进低影响低排放绿色工程建设。

三、质量为本，打造"零渗漏"过江盾构隧道

牢固树立质量精品意识，聚焦江阴靖江长江隧道大直径、高水压、长距离工程特点，升级超大直径水下盾构机及配套设备，重点提升常压刀盘刀具、注浆系统、压力控制系统等子系统的工作性能和集成化程度，以装备制造质量保证工程质量；通过采用外侧双道密封垫夹设遇水膨胀止水胶、封闭式内部结构、管片嵌缝、外防水涂料等多道设

防的隧道整体防水方案,首创管片外侧集中布置耦合式双道密封垫防水新设计,以应对各种工况条件下的盾构接缝防水,打造"零渗漏"过江盾构隧道。"聚力一号"盾构机刀盘如图7-40所示。

图7-40 "聚力一号"盾构机刀盘

从源头抓起,进一步加强原材料质量管控,落实首席质量官责任制,构建原材料追溯体系;坚持"细节决定成败",加强施工精细化管理,深入开展钢筋保护层厚度、钢筋接头连接质量、施工缝和变形缝防水性能等质量通病防治,制定专项治理方案,提升重要工序施工水平;加强主体结构大体积混凝土、清水混凝土施工质量管控,进一步细化工作井侧墙抗裂混凝土、敞开段清水混凝土施工工艺研究,不断提升工程本体质量。重视管片生产、运输及安装全过程的质量控制,严格监督模具精度、钢筋工程、混凝土浇筑养护、防水材料施工等关键环节的施工质量。图7-41和图7-42所示为江阴靖江长江隧道江南工作井开挖现场与封底完成。

1. 零漏水——超高水压大断面盾构隧道新型防水技术

提出管片结构体系安全评价指标,对不同断面管片衬砌结构的受力安全进行动态评价。模型试验情况如图7-43所示。

2. 高抗裂——现浇隧道混凝土抗裂性及外观质量提升技术

基于长期暴露环境下隧道现浇混凝土收缩开裂机理及提升技术、外观质量提升关键技术、制备与施工关键技术等研究(图7-44),提升结构自防水性能,实现敞口段侧墙混凝土"免装饰"。

图7-41　江南工作井开挖

图7-42　接收井封底

图7-43　模型试验情况

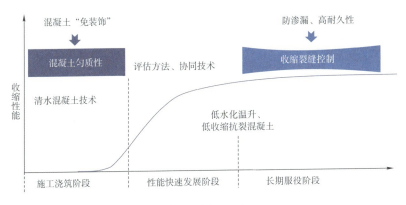

图7-44　性能曲线图

3. 绿色处理——盾构渣土高效分离绿色环保处理技术

建立盾构渣土材料性能评估及绿色排放标准，根据地层颗粒大小分布确定分离方案，制定渣土处理标准，并提出利用渣土浆液配置注浆材料、渣土制备附属结构混凝土的回收利用方案。盾构泥浆处理系统如图7-45所示。

图7-45　盾构泥浆处理系统

4. 精准管控——公路工程建设环保精准化与差别化管控体系

建立以省控网格、增补网格及项目网格为主体的交通建设工程的三级网格体系，为大气质量的精准预报与差别化分级管控提供数据支撑。

5. 消堵消患——广域高速公路网动态功能定位及诱导调度技术

依据多源的交通数据，评价高速路网过江通道的交通运行状态，预测路网交通流，并提出路网调度最优策略。从广域路网角度减少交通拥堵，降低事故隐患，提升交通运行效率（图7-46）。

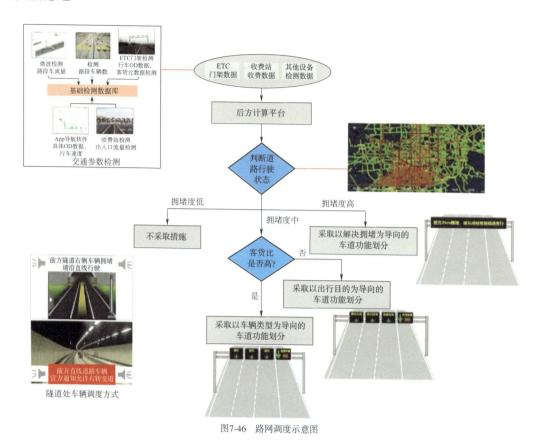

图7-46　路网调度示意图

6. 低排放——"分离+集中"式水下隧道风塔直排：空气净化系统

针对不同阻滞车况及紧急交通事故或火灾工况下污染物排放，提出"分离+集中"的通风净化方案，建立隧道通风净化智能联动模式。隧道空气净化示意图如图7-47所示。

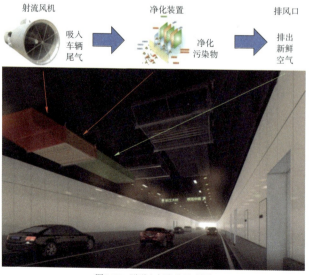

图7-47　隧道空气净化示意图

7. 低能耗——隧道用能设备智慧管控与优化调控技术

基于用能设备及系统与隧道运行环境、用能设备及系统间的相互影响规律和内在关联性，开发绿色隧道用能设备及系统的智慧管控系统。

8. 友好空间——隧道绿色通风、照明技术

面向行车安全与舒适性，提出绿色隧道光环境智慧控制方法以及长大隧道的事故通风排烟系统和配套运行策略。图7-48为江阴靖江长江隧道通风照明试验研究过程。

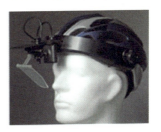

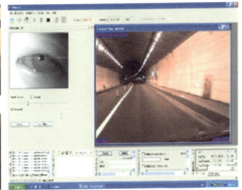

图7-48 通风照明试验研究过程

四、科技攻关，驱动绿色隧道技术标准升级

项目围绕"绿色隧道"和"流动环境友好空间"的理念，推动打造以人为本的安全、舒适、智慧的流动驾乘空间，最大限度地实现人与自然和谐共生的高质量隧道。联合刘加平院士团队和国内著名科研单位和高校团队，依托"西部绿色建筑国家重点实验室""高性能土木工程材料国家重点实验室""交通隧道工程教育部重点实验室"，共同开展14项设计专题、16项施工专题研究。

1. 住房和城乡建设部科技示范工程

成功申报了2021年度住房和城乡建设部"高水压大直径盾构公路绿色隧道"科技示范工程，围绕高水压大直径盾构隧道结构安全耐久、隧道绿色建造及流动环境友好空间打造、全寿命周期绿色智慧隧道等方面开展技术创新和示范应用。

绿色隧道

（1）高水压大直径盾构隧道结构安全耐久关键技术研究及应用。

揭示隧道结构主体材料劣化机理及结构劣化与破坏特征，提出绿色隧道结构耐久性控制因素与控制指标，形成绿色隧道结构耐久性控制标准。构建超高水压绿色隧道新型防水体系，打造抗滑降噪、安全舒适、绿色环保的隧道铺装，并开展施工工艺指标及验评标准研究，提出高抗裂、准清水隧道混凝土外观提升、制备与施工关键技术，提升隧道结构耐久性，保障安全施工运营。图7-49所示为管片拼装。

图7-49　管片拼装

（2）隧道绿色建造及流动环境友好空间关键技术研究及应用。

采用室内试验的方法，评估盾构渣土材料性能，制定相应的绿色排放标准，开发盾构渣土同步注浆材料设计与制备、附属结构混凝土制备技术，研发可喷射高抗裂防渗水泥基复合材料，以及管片高性能混凝土的免蒸养低能耗制备技术，构建盾构机掘进绿色节能控制关键技术体系，提升隧道绿色建造水平。

基于舒适性，研究通风CO、NO_2设计浓度，通过计算流体力学等原理和方法，模拟隧道内温湿度的空间动态变化规律，研究隧道热湿环境，分析提出高效、节能、经济通风方式和隧道光环境智慧控制策略，构建超长距离盾构隧道火灾通风排烟及防灾疏散技术方案，引入隧道颗粒污染物净化系统，创新性开发水下隧道风塔空气净化系统，控制隧道污染排放，贯彻以人为本的理念，打造长大隧道流动环境友好空间。

（3）全寿命周期绿色智慧隧道关键技术研究及应用。

开发绿色隧道用能设备智慧管控系统，集成隧道智慧运营技术，提升设备运行效率，降低隧道运营期能耗，提升隧道服务品质。面向车道功能，基于交通态势和交通运行状态评估，研究应用广域省级高速路网过江通道动态功能定位及诱导调度关键技术，针对拥堵、火灾等非常态交通条件，研发交通应急救援管理技术方案，保障隧道高效安全运营。构建基于在线监测的环保精准化差别化管控体系，开发配套的省级监测数据中心和项目级绿色管理平台，实现生态环境主管部门和交通运输主管部门对隧道建设运营的智慧联动管控。

从不同层面、不同维度分析行业发展趋势和需求，以流动环境友好空间绿色隧道为主题，聚焦结构安全耐久、行车安全舒适、通行避险疏散、资源节约利用、生态环境保护等方面，构建设计、施工、运营全过程的高速公路绿色隧道评价标准，指导绿色隧道建设运营管理及评估。研究制定绿色隧道标准框架，提出绿色隧道相关标准制修订建议。

2. 江苏省交通运输厅重大科技专项

开展2021年江苏省交通运输厅重大科技专项研究，围绕高水压盾构水下隧道结构安全耐久关键技术及应用研究、大直径水下隧道行车安全舒适提升关键技术及应用研究、长大水下隧道通行避险疏散保障关键技术及应用研究、绿色隧道全寿命周期资源节约利用关键技术及应用研究、绿色隧道全寿命周期生态环境保护关键技术及应用研究、绿色隧道评价标准及标准体系研究六大专题进行研究实施（图7-50）。

五、示范推广，推动交通运输发展体制机制优化

推动标准引领"绿色隧道"建设，依托本工程的实施，构建绿色隧道管理体系、技术体系、评价体系、标准体系，打造公路水下盾构绿色建设技术标准体系，力争上升至行业标准、国家标准，填补国内绿色隧道技术体系和评价标准方面的空白。

（1）管理体系。依托本项目绿色隧道建管体系实践成效，目前已在盐城至洛阳高速公路宿城至泗洪段、张靖皋长江大桥进行推广应用，后续还将进一步推广。

（2）评价体系。依托本项目构建绿色隧道评价标准，编制形成全寿命周期绿色隧道评价标准及标准框架，目前已开展苏锡常南部高速公路、长江隧道工程试评价工作。通过"绿色隧道"主题项目创建，提升工程品质，保障本质安全，坚守绿色底色，显著提高工程建设水平和服务水平。

绿色隧道

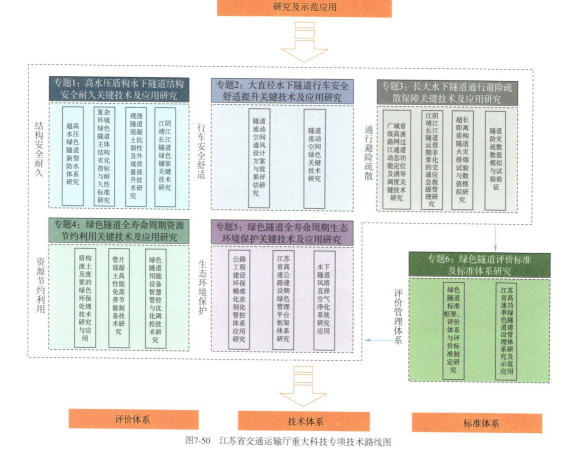

图7-50　江苏省交通运输厅重大科技专项技术路线图

（3）技术体系。围绕结构安全耐久、行车安全舒适、通行避险疏散、资源节约利用、生态环境保护五大属性维度，聚焦隧道通风照明、多重防水体系、盾构渣土及废浆处理等关键技术，形成成套的技术指南。截至2022年初，项目在编《隧道污染物控制技术应用指南》等指南5项。

（4）标准体系。基于技术体系5个方面研究成果，结合既有标准现状，分析标准研究制定需求，聚焦"绿色隧道"核心目标，提出标准体系框架，制定绿色隧道标准制修订规划。截至2022年初，项目已立项江苏省土木建筑学会团体标准1项、江苏省交通工程建设局企业标准5项；已申报江苏省地方标准2项、江苏省土木建筑学会团体标准7项，中国工程建设标准化协会（CECS）1项，江苏省交通工程建设局企业标准5项。

江阴靖江长江隧道工程将全力打造交通强国建设江苏样板标志性工程、中国高水压大直径盾构隧道建设创新工程、国际领先智慧建管养技术综合应用品质工程、国际首创流动环境友好空间的绿色隧道示范工程，确保实现项目"创国优奖、鲁班奖、詹天佑奖"的目标,深入推进"美丽江苏"建设的交通新实践,在实现交通强国的伟大征程中谱写绚丽的篇章。图7-51为江阴靖江长江隧道"聚力一号"盾构机始发现场。

图7-51　江阴靖江长江隧道"聚力一号"盾构机始发现场

第八章

未来：奋斗当下，希冀未来

第一节 绿色隧道定量化、标准化发展

绿色隧道的建设发展将从理念走向定量化、标准化。未来行业将在绿色隧道的规划、设计、施工、运营等领域全面形成成套的评价方法及技术指南。

未来，将组建"绿色隧道研发与评估中心"，依托中国工程建设标准化协会等行业平台，参与引领行业"绿色隧道"重点工程的策划实施、技术研究、评估总结，打造具有鲜明江苏特征和全国普适性"绿色隧道"品牌，支撑交通强国建设，力争上升至行业标准、国家标准，填补国内绿色隧道技术体系和评价标准方面的空白。

（1）稳步推进定量化决策。目前在建设工程领域，已有绿色建筑、绿色公路相关建设指南与评价标准，交通基础设施领域围绕绿色隧道目标的相关技术标准处于空白，制约了行业绿色低碳转型发展。依托行业政策的引导和平台的支撑，绿色隧道通过江阴靖江长江隧道、海太长江隧道等示范工程建设，总结"绿色隧道"相关技术和管理成果，形成标准规范，结合省部级行业研发中心，为全国绿色隧道发展探路，并形成规模化影响效应。

（2）全面实施标准化施工。将建立标准化施工长效机制，实现工地标准化、工艺标准化和管理标准化。鼓励工程构件生产工厂化与现场施工装配化，注重工程质量，提高工程耐久性，实现工程内外品质的全面提升。

第二节 绿色隧道系统化、规模化推广

绿色隧道建设将进一步推进，继续打造示范工程，丰富绿色隧道新内涵，强化绿色隧道设计、建设、运营等各环节的实践，及时总结经验，以点带面，实现全行业绿色隧道快速发展。

未来，海太长江隧道北接江苏南通，南连江苏苏州。海太长江隧道位于苏通大桥下游约8km，项目起于通锡高速公路（S19），止于沪武高速公路（G4221），隧道全长11185m，其中盾构段长9315m，明挖段长1870m（图8-1）。

图8-1 海太长江隧道示意图

作为绿色隧道成果"集大成"之项目，海太长江隧道聚焦结构安全耐久、行车安全舒适、通行疏散便捷、资源节约利用、生态环境保护五大方面，以绿色隧道评价体系为引领，以绿色隧道标准体系为基础，以绿色隧道技术体系为支撑，进一步提升工程品质，保障本质安全，坚守绿色底色，显著提高工程建设水平和服务水平。

同时，以世界级隧道工程为依托，通过工程的进一步推广应用，以"标准体系构建+关键问题攻关+技术标准编制"为基本技术路线，以既有行业相关经验成果为基础，以标准体系为统领，以技术攻关为支撑，不断优化绿色隧道技术体系和评价标准，打造世界首个近零碳绿色隧道技术标准体系，推动新型绿色交通基础设施建设，支撑行业绿色低碳发展，为绿色隧道的全面推广进一步奠定基础。

第三节　绿色隧道产业化、多元化融合

绿色隧道产业融合发展是基于技术创新或制度创新，形成的产业边界模糊化和产业发展一体化现象。以绿色隧道筑路材料、机械装备、工程制造业乃至信息产业之间的融合渗透和交叉重组为路径，以产业链延伸、产业范围拓展和产业功能转型为特征，通过形成新技术、新业态、新商业模式，带动资源、要素、技术、市场需求在交通领域的整合集成和优化重组。要积极拓展绿色隧道产业融合发展的视野，全方位多元化进行绿色隧道产业融合发展。

1. 功能多样性的产业融合发展

依托交通基础设施建设，将完善的道路交通网络、健全的对外交通体系、快捷的网络通信设施、方便的生活服务等元素添加到产业融合发展中进行混搭发展。除了实现绿色隧道本身通行服务的基本功能之外，还具有政治、文化、社会、生态方面的功能，在开发和拓展绿色隧道通行功能、经济功能的同时，释放出政治、文化、生态、社会功能，围绕绿色隧道的多种功能实现产业融合发展。

2. 新技术渗透和交叉重组的产业融合发展

新业态就是把绿色隧道多产业融合渗透和交叉重组，通过产业链的延伸和发展方式的转变，形成新技术、新商业模式，带动资源、要素、技术、市场需求在交通领域的整合集成和优化重组。新技术的研发与应用能延伸产业链，发展新业态。随着云计算、大数据、移动互联网、社交网络媒体等新兴技术的发展，其在交通行业中的应用将更加普及。

未来，面对增长迅速的海量数据，在云计算、大数据等技术支撑保障下，公路交通管理系统将具备强大的存储能力、快速的计算能力以及科学的分析能力，系统模拟现实世界和预测判断的能力更加出色，能够从海量数据中快速、准确提取出高价值信息，为管理决策人员提供应需而变的解决方案，交通的建设与管理的预见性、主动性、及时性、协同性、合理性将大幅提升。

3. 聚焦示范工程的产业融合发展

重点发展海太长江隧道等世界级隧道工程作为绿色隧道拉动的产业载体，充分发挥产业承载着生态环保功能、文化塑造功能、技艺传承功能、地域品牌功能的作用，努力

实现示范工程产业链上集聚着的众多产业功能。

此外，还要努力吸引各个产业的主体参与到产业融合发展中来，尤其是可以发挥绿色隧道建管过程中各行业交叉融合的作用，调动其积极性，使绿色隧道产业化更有生机和活力。产业融合发展的主体可以扩展到一个更大的范围，金融机构、民间组织、科研院所、国际组织、风险投资等，都可以培育成新的主体。

未来，将以绿色隧道建设作为产业融合载体，提升交通领域融合发展水平，推动价值链条延伸，拓展产业发展空间。

参考文献

［1］肖明清. 水下隧道设计技术［M］. 北京: 中国铁道出版社, 2016.

［2］《中国公路学报》编辑部. 中国交通隧道工程学术研究综述·2022［J］. 中国公路学报, 2022, 35（4）: 1-40.

［3］《中国公路学报》编辑部. 中国隧道工程学术研究综述·2015［J］. 中国公路学报, 2015, 28（5）: 1-65.

［4］王毅才. 隧道的历史及发展［J］. 长安大学学报（自然科学版）, 1985（1）: 127-135.

［5］朱伟, 陈仁俊. 盾构隧道施工技术现状及展望（第1讲）——盾构隧道基本原理及在我国的使用情况［J］. 岩土工程界, 2001（11）: 19-21+65-66.

［6］朱伟, 陈仁俊. 盾构隧道施工技术现状及展望（第2讲）——盾构隧道技术问题和施工管理［J］. 岩土工程界, 2001（12）: 14-16+20.

［7］朱伟, 陈仁俊. 盾构隧道施工技术现状及展望（第3讲）——盾构隧道应用前景及发展方向［J］. 岩土工程界, 2002（1）: 18-20+52.

［8］严金秀. 世界隧道工程技术发展主流趋势——安全、经济、绿色和艺术［J］. 隧道建设（中英文）, 2021, 41（5）: 693-696.

［9］肖书安. 国外隧道施工测量技术的现状和发展［J］. 隧道建设, 2007（1）: 76-79+86.

［10］王梦恕. 中国是世界上隧道和地下工程最多、最复杂、今后发展最快的国家［J］. 铁道标准设计, 2003（1）: 1-4.

［11］洪开荣, 冯欢欢. 近2年我国隧道及地下工程发展与思考（2019—2020年）［J］. 隧道建设（中英文）, 2021, 41（8）: 1259-1280.

［12］林志, 刘旺, 陈川, 等. 我国交通隧道技术进步及前沿科学问题［J］. 隧道建设（中英文）, 2020, 40（S1）: 1-8.

［13］蒋树屏. 公路隧道40年建设成就与科技创新［J］. 中国公路, 018（18）: 28-30.

［14］洪开荣, 陈馈, 冯欢欢. 中国盾构技术的创新与突破［J］. 隧道建设, 2013, 33（10）: 801-808.

［15］方俊波, 刘洪震, 翟进营. 山岭隧道爆破施工技术的发展与展望［J］. 隧道建设（中英文）, 2021, 41（11）: 1980-1991.

［16］齐梦学.我国TBM法隧道工程技术的发展、现状及展望［J］.隧道建设（中英文），2021，41（11）：1964-1979.

［17］郭陕云.我国隧道及地下工程的历史机遇、发展困局及若干建议［J］.隧道建设（中英文），2019，39（10）：1545-1552.

［18］黄俊，张忠宇，李志远，等.绿色隧道技术发展研究与应用［J］.现代交通技术，2021，18（3）：51-57.

［19］李术才，刘斌，孙怀凤，等.隧道施工超前地质预报研究现状及发展趋势［J］.岩石力学与工程学报，2014，33（6）：1090-1113.

［20］黄俊，张顶立，郑晅，等.绿色隧道建造技术研究与应用［J］.现代隧道技术，2018，55（S2）：1004-1014.

［21］叶裕民，杨国淑，胡梦坤，等.绿色隧道建设技术研究综述［J］.绿色建筑，2019，11（2）：42-44.

［22］洪开荣，冯欢欢.中国公路隧道近10年的发展趋势与思考［J］.中国公路学报，2020，33（12）：62-76.

［23］蒋树屏，林志，王少飞.2018年中国公路隧道发展［J］.隧道建设（中英文），2019，39（7）：1217-1220.

［24］杨明宇，李盛亮，王晓宇.绿色公路理念在隧道工程中的应用［J］.北方交通，2019（3）：79-82，85.

［25］付强，范冬萍.绿色价值观与社会生态系统的整体优化——复杂性科学哲学的视野［J］.自然辩证法研究，2017，33（7）：82-87.

［26］娄诚.高速公路隧道环境监测与控制管理发展趋势［J］.北方交通，2012（5）：122-124.

［27］中华人民共和国住房和城乡建设部.绿色建筑评价标准：GB/T 50378—2019［S］.北京：中国建筑工业出版社，2019.

［28］STEPHEN T，MUENCH，JERALEE A，et al.Greenroads：A Sustainability Rating System for Roadways［J］.International Journal of Pavement Research and Technology，2010，3（5）：270.

［29］Canadian Construction Association. Road Rehabilitation Energy Reduction Guide Canadian Road Builders［R］.CCA-Ontario：Candian Construction Association，2005.

［30］COTTON，BENJAMIN W. In Pursuit of Sustainable Highways［J］.Public Roads，2011，75（3）：16-21.

[31] 交通运输环境保护标准化技术委员会.绿色交通设施评估技术要求 第1部分: 绿色公路: JT/ T 1199. 1—2018〔S〕.北京: 人民交通出版社股份有限公司, 2018

[32] 王祎, 王随林, 王清勤, 等.国外绿色建筑评价体系分析〔J〕.建能, 2010, 38（2）: 64-66, 74.

[33] Rating Environmental Performance in the Building Industry: Leadership in Energy and Environmental Design（LEED）〔J〕. Darden Business Publishing Cases, 2017, 1（1）.

[34] NILS L. iiSBE: the International Initiative for Sustainable Built Environment〔J〕. Building Research & Information, 2001, 29（2）.

[35] STERN DI. 2002. Explaining Changes in Global Sulfur Emissions: An Econometric Decomposition Approach. Ecological Economics, 42: 201-220.

[36] 袁镔, 宋晔皓, 林波荣, 等.澳大利亚绿色建筑政策法规及评价体系〔J〕.建设科技, 2011,（6）: 64-66.

[37] 马冬, 黄志辉, 王宏丽, 等.我国城市交通可持续发展现状及建议〔J〕. 节能与环保, 2014, 000（12）: 60-62.

[38] 牟瑞芳, 车畅.绿色公路的属性及内涵分析〔J〕.交通运输工程与信息学报, 2019, 17（1）: 131-137.

[39] 蒋振雄, 薛鹏, 马欣, 等绿色隧道评价体系研究〔J〕.隧道建设（中英文）, 2022, 42（4）: 586-593.

[40] SAATY T L. A new macroeconomic forecasting and policy evaluation method using the analytic hierarchy process〔J〕. Mathematical Modelling, 1987, 9（3/4/5）: 21.

[41] 闵佳鑫."双碳"目标下绿色建造需先行〔J〕.建筑, 2021（21）: 5.

[42] 毛志兵."双碳"目标下的中国建造〔J〕.施工企业管理, 2021（10）: 54-56.

[43] 黄俊, 张忠宇, 李志远, 等.绿色隧道技术发展研究与应用〔J〕.现代交通技术, 2021, 18（3）: 51-57.

[44] 李家洋, 孙国华, 张维, 等.复合地层泥水盾构泥浆处理系统的优化改进研究〔J〕.交通世界（上旬刊）, 2018（5）: 124-125, 131.

[45] 顾伟东, 倪嵩.绿色施工技术在项目中的应用〔J〕.建筑工程技术与设计, 2020（32）: 690.

[46] 中华人民共和国建设部.绿色施工导则〔J〕.施工技术, 2007, 36（11）: 1-5.

[47] 杨明宇, 李盛亮, 王晓宇.绿色公路理念在隧道工程中的应用〔J〕.北方交通, 2019（3）: 79-82, 85.

[48] 穆俊杰, 石靖. 浅析文明施工管理措施[J]. 科技与创新, 2014（6）: 104-104.

[49] 李高峰. 绿色节材施工在生产管理过程中的应用[J]. 建筑工程技术与设计, 2017（10）: 4426.

[50] 中国建筑一局（集团）有限公司. 绿色施工管理规程: DB11/T 513—2018[S]. 北京: 北京城建科技促进会, 2018.

[51] 张玉坤, 范江. 工程建设项目物流管理问题研究[J]. 价值工程, 2012, 31（36）: 25-26.

[52] 周翔. 集料的特性对湿喷法喷射混凝土回弹率和抗压强度的影响[J]. 福建建设科技, 2018（2）: 17-20.

[53] 蒋平江, 杨凯, 曾绍武, 等. BIM技术在金沙江双线特大桥施工中的应用研究[J]. 铁道标准设计, 2018, 62（8）: 78-84.

[54] 陆文皓, 齐玉军, 刘伟庆. 装配式综合管廊的应用与发展现状研究[J]. 建材世界, 2017, 38（6）: 87-91.

[55] 宋丽妹, 刘念. 盾构隧道预制双层车道结构体系特点与设计[J]. 城市道桥与防洪, 2017（9）: 220-222.

[56] 赵清涛, 周大为, 宁浩, 等. 复杂地质条件下盾构隧道"绿色施工"技术研究——以杭州地铁8号线一期工程为例[J]. 中国建材科技, 2021, 30（6）: 115-118.

[57] 余璐璐, 李绍才, 孙海龙. 隧道工程行为的生态环境影响及其生态化策略[J]. 水土保持通报, 2010, 30（6）: 233-237.

[58] 李化建, 黄法礼, 王振, 等. 铁路绿色隧道工程材料技术研究进展[J]. 隧道建设（中英文）, 2021, 41（11）: 1992-2000.

[59] 吴平春. 元洪城二期工程外墙防渗漏施工技术[J]. 施工技术, 2002, 31（3）: 38-39.

[60] 冉茂平, 杨光旭, 罗忠文. 城市轨道交通系统节能措施研究[J]. 城市公共交通, 2010（10）: 45-47.

[61] 崔小童. 论土木工程施工中节能绿色环保技术[J]. 魅力中国, 2019（32）: 286.

[62] 李健明. 浅谈高速公路隧道节能减排与实践探讨[J]. 城市建设理论研究（电子版）, 2012（8）.

[63] 王美燕. 公路隧道噪声预测及降噪措施研究[D]. 西安: 西北工业大学, 2007.

[64] 王彩霞. 公路路面噪声降噪技术与防治方法研究[D]. 西安: 长安大学, 2010.

[65] TRAFIKVERKET Eran Aronson MSc. Research Project: Visual adaptation for tunnel entrance[R]. TRAFIKVERKET, 2013.

[66] 胡英奎, 陈仲林, 张青文. 驾车接近隧道过程中驾驶员的适应亮度变化规律[J]. 重庆大学学报, 2016（01）: 98-104.

[67] SMITH, SW, REAMS. Relationship between Office Task Performance and Ratings of Feelings and Task Evaluations under Different Light Sources and Levels[A]. Proceedings of the CIE, 19th Session[C]. Kyoto, Japan: CIE, 1979: 207-210.

[68] BERMAN, SM, FEING, et al. Luminance-controlled Pupil Size Affects Landolt C Task Performance[J]. Journal of the Illuminating Engineering Society, 1993, 22（2）: 150-165.

[69] 张青文, 陈仲林, 胡英奎, 等. 光源色温对隧道及道路照明视觉功效影响的研究[J]. 照明工程学报, 2008, 19（2）: 24-29.

[70] 张青文, 杨春宇, 陈仲林, 等. 用视觉功效法探究适用于道路照明的新型光源[J]. 同济大学学报: 自然科学版, 2009, 37（6）: 781-785.

[71] 刘英婴. 光源光色与光生物效应对隧道照明影响的研究[J]. 灯与照明, 2011, 12（04）: 19-21.

[72] YASUKOUCHI A, ISHIBASHI K. Non-visual Effects of the Color Temperature of Fluorescent Lamps on Physiological Aspects in Humans[J]. Journal of PHYSIOLOGICAL ANTHROPOLOGY and Applied Human Science, 2005, 24（1）: 41-43.

[73] 胡立伟, 陈政, 张婷. 基于高原地区高速公路特长隧道路段的跟车特征与安全性研究[J]. 公路交通科技, 2018, 35（01）: 112-120.

[74] 胡江碧, 马文倩. 基于驾驶视认需求的隧道入口段光环境研究[J]. 上海交通大学学报, 015, 49（04）: 464-469.

[75] 刘洋. 基于驾驶员生理与心理反应的公路隧道光环境分析[D]. 呼和浩特: 内蒙古农业大学, 2009.

[76] 杜志刚, 潘晓东, 郭雪斌. 高速公路隧道进出口视觉适应实验[J]. 哈尔滨工业大学学报, 2007, 39（12）: 1998-2001.

[77] 杨春宇, 梁树英, 张青文. 用视觉功效理论研究城市隧道出入口段与洞外道路照明[J]. 灯与照明, 2012, 36（04）: 1-4, 8.

[78] 刘英婴, 张青文, 胡英奎. LED光源色温对隧道照明入口段和中间段的影响[J]. 照明工程学报, 2013, 24（02）: 30-34.

[79] LAI C F, LI J S, SHEN C W. High-Efficiency Robust Free-Standing Composited

Phosphor Films with 2D and 3D Nanostructures for High-Power Remote White LEDs. [J]. ACS applied materials & interfaces, 2017, 9（5）.

[80] 郗锋. LED照明灯具在公路隧道中的应用研究[J].公路, 2011（07）: 167-171.

[81] 吴绍明, 吴梦军, 马非, 等. 三车道公路隧道照明灯具布置参数研究[J].地下空间与工程学报, 2017, 13（S1）: 471-475.

[82] 皮亮, 季佳俊, 陈建忠. 公路隧道照明关键参数的实验分析[J].交通科技与经济, 2012, 14（03）: 24-26.

[83] 杨超, 黄传茂. 高速公路隧道中央布灯照明参数优化研究[J].地下空间与工程学报, 2015, 11（S2）: 817-821.

[84] 宣昆, 刘祖望. 遗传算法与神经网络在照明系统中的应用[J].光源与照明, 2007（02）: 34-37.

[85] 秦岸. 基于LED光源的高速公路隧道照明节能技术研究[D].重庆: 重庆交通大学, 2010.

[86] 董华. LED隧道照明智能控制系统设计[D].广州: 华南理工大学, 2016.

[87] 王锦超. 公路隧道自适应照明控制方案设计与应用[D].西安: 长安大学, 2017.

[88] 黄芝龙. 基于模糊控制的高速公路隧道照明节能系统的设计与实现[D].武汉: 华中师范大学, 2018.

[89] 段昕. 公路隧道氮氧化物浓度安全指标研究及控制[D].重庆: 重庆交通大学, 2012.

[90] 邓欣. 水下特长公路隧道通风技术研究[D].重庆: 重庆交通大学, 2012.

[91] 李成杰. 乘用车车内空气质量影响因素与评价模式研究[D].焦作: 河南理工大学, 2011.

[92] 郭浩. 公路隧道内污染物分布的模拟与控制[D].上海: 东华大学, 2016.

[93] 傅立新, 贺克斌, 何东全, 等. MOBILE汽车源排放因子计算模式研究[J].环境科学学报, 1997（04）: 89-94.

[94] 王伯光, 张远航, 祝昌健, 等. 城市机动车排放因子隧道试验研究[J].环境科学, 2001（02）: 55-59.

[95] 王玮, 叶慧海, 李玉华, 等. 谭裕沟隧道CO、SO_2和NO_x排放因子研究[J].环境科学研究, 2001（04）: 5-8.

[96] 邓顺熙, 成平, 朱唯. 用隧道确定高速公路汽车CO、THC和NO_x排放因子[J].环境科学研究, 2000（02）: 32-35.

[97] 史晓蕾. 铁路隧道内热湿环境与通风研究[D].成都: 西南交通大学, 2007.